ELOGIOS PARA TATUAJES, NO MARCAS

"Una lectura obligada para cualquier persona que busque hacer crecer un negocio, organización o movimiento. Lleno de sabios consejos prácticos que resuenan universalmente, desde bienes de lujo hasta impacto social y todo lo demás".

– AVENUE MAGAZINE

"En su nuevo libro, Tatuajes, No Marcas, Clint White ofrece un enfoque paso a paso para identificar su mercado objetivo, cuantificarlo y luego vender a él como un 'Tatuajes' en lugar de competir contra 'Marcas' mucho más ricas y establecidas. 'Tatuajes' te muestra cómo hackear el sistema para evitar desperdicios e ineficiencias. El libro perfecto para el empresario aspirante o cualquier pequeño negocio".

– ROBERT GREDE, autor de best-sellers de Naked Marketing:
The Bare Essentials (Prentice Hall Press)

"Tatuajes, No Marcas es un viaje perspicaz y completamente agradable a través de la creación de grandes experiencias de marketing. Las experiencias de Clint son tremendamente valiosas para dar vida a conceptos aplicables a través de industrias y prácticamente todos los ámbitos de la vida".

– KABIR SETHI, Jefe de Gestión de Patrimonio Digital en
Bank of America Merrill Lynch

"La mentalidad de un tatuaje puede ser extremadamente liberadora y útil, ya sea que estés dirigiendo un negocio, una organización sin fines de lucro, seas político, influyente o líder un movimiento".

– SONJA NESBIT, ex Subsecretaria Adjunta de Legislación en el Departamento
de Salud y Servicios Humanos de los Estados Unidos (HHS);
actual Directora Gerente, FTI Consulting

"El concepto de Tatuajes, No Marcas es intuitivo y poderoso. El libro es accesible y reformula algunas ideas fundamentales sobre las mejores prácticas de marketing de una manera fácil de entender. El texto fluye fácilmente con ideas que se presentan a lo largo del camino respaldadas por las experiencias personales del autor sobre lo que realmente funciona y lo que no".

– DAVID HENSTOCK, Jefe de Identidad, Visa

"Si sientes que te estás encontrando con un obstáculo en tu marketing, 'Tatuajes, No Marcas' de Clint White te ayudará a superarlo. White te tomará de la mano y te guiará a través de una nueva perspectiva de tácticas de marketing clásicas. White se basa en décadas de su propia experiencia para actualizar y desplegar nuevas estrategias de marketing para instituciones icónicas. Aprende de este maestro del marketing: 'Tatuajes, No Marcas es una caja de herramientas imperecedera para el profesional de marketing moderno".

— **PATRICK DOLAN**, ex Presidente y COO de
Interactive Advertising Bureau (IAB)

"Un primer libro asombroso. Bien escrito, provocador de pensamientos y una guía práctica en la que creadores, diseñadores, emprendedores, profesionales de marketing y otros interesados realmente pueden utilizar y aplicar"

— **STEVEN ALEXANDER**, Ejecutivo de Salud

"La refrescante nueva perspectiva de Clint White sobre el marketing de crecimiento es tan inteligente. Este libro redefine las expectativas sobre la construcción de marcas y, en cambio, ofrece a los profesionales del marketing tácticas realistas y ejecutables para obtener resultados".

— **BEN BILBROUGH**, Fundador y CEO de Addy.co

"¡Un clásico instantáneo! Como creativo independiente y administrador de una organización sin fines de lucro, encontré que el enfoque del Sr. White, en identificar y destacar la singularidad de cada uno, es tanto refrescante como educativo. Una mentalidad que cambia el juego en mi enfoque hacia los clientes actuales y potenciales"

— **ARIAN BLANCO**, Artista y Cofundador de HExTC, Inc.

"La perspicacia de Clint es muy específica para un propietario de pequeño negocio como yo. Me ayudó a concentrarme en diferenciarme y destacar mis servicios en una enorme industria basada en servicios médicos".

— **DR. FRANK J. RUGGIERO**, Dueño de Integrative Physical Therapy
of NYC, Bombero jubilado de la ciudad de Nueva York

TATUAJES, NO MARCAS

INDIGORIVER
PUBLISHING

TATUAJES NO MARCAS

UNA GUÍA PARA EMPRENDEDORES
SOBRE MARKETING INTELIGENTE
Y CREACIÓN DE NEGOCIOS

CLINT WHITE

Editores: Mary Menke y Deborah Froese
Diseño de portada: Robin Vuchnich
Diseño de interiores: Emma Elzinga
Foto del autor: Jam Ibay

Indigo River Publishing
3 West Garden Street, Ste. 718
Pensacola, FL 32502
www.indigoriverpublishing.com

Información sobre pedidos:
Ventas por cantidad: Hay descuentos especiales disponibles en compras por cantidad realizadas por corporaciones, asociaciones y otros. Para obtener más información, comuníquese con el editor en la dirección descrita.
Para pedidos realizados por librerías y mayoristas comerciales de EE. UU.: comuníquese con el editor en la dirección descrita.

Impreso en los Estados Unidos de América.
Número de control de la Biblioteca del Congreso: 2022902168
ISBN: 978-1-954676-78-7 (print)   978-1-954676-79-4 (ebook)

Primera edición

Con Indigo River Publishing, siempre puede esperar excelentes libros, voces fuertes y mensajes significativos. Lo más importante es que siempre encontrarás. . . palabras que vale la pena leer.

A mis hijos, Liam y Quin: Ustedes son los mejores tatuajes - únicos, vibrantes, personales y sorprendentes. Sean ustedes mismos y dejen que todo se alinee con su evolución. Nos impresionarán a todos.

A mi mamá, Barbara Prince Levatich: Tenemos un vínculo que es muy poderoso y que se ha perseverado a pesar de tantas cosas. Gracias por todo tu apoyo y ánimos.

A mi esposa, Marilou Aquino: Estoy profundamente agradecido contigo, eres mi guía, mi principio rector, para siempre.

TABLA DE CONTENIDO

PRÓLOGO

PARA MÍ, LA TRADUCCIÓN de *Tatuajes, No Marcas* al español no es solo un cambio de idioma, s*ino la reafirmación de algo profundamente personal.* Como inmigrante hispanoamericano, h*e experimentado de primera mano* el poder de la identidad, la cultura y la autenticidad en la construcción de la influencia. El lenguaje no es únicamente una herramienta de comunicación, sino un puente hacia nuestro legado, los valores y la transformación. Por eso, esta edición en español reviste un significado especial para mí: es una invitación a una audiencia global para replantearse cómo se forjan las relaciones genuinas en un mundo que, con demasiada frecuencia, prioriza lo superficial.

Conocí a Clint hace más de quince años, cuando *construía* una de las empresas de vallas publicitarias de *mayor crecimiento* en Estados Unidos. En aquel entonces, no nos limitábamos a vender espacios publicitarios: desafiábamos las reglas de una industria que *llevaba décadas estancada.* Nos atrevimos a cuestionar lo establecido, a replantear la forma en que las marcas se comunican con las personas y, de este modo, transformamos el sector de la publicidad exterior en Estados Unidos.

Ese equilibrio entre innovación y autenticidad es *precisamente* la esencia de *Tatuajes, No Marcas.* El libro de Clint pone en palabras una realidad que *he vivido de cerca*: el éxito *no depende* de logotipos llamativos ni de consignas de marketing vacías, sino de compromisos que *perduran* en el tiempo, relaciones cimentadas en la confianza y movimientos que dejan una huella duradera.

Desde *el principio*, Clint y yo compartimos la convicción de que el marketing no debería ser solo ruido, sino un motor de impacto real. A lo largo de los años, he sido testigo de cómo lleva esta idea a la práctica: convierte conceptos en acciones, impulsa a las empresas a mirar más allá de la imagen de marca y, con ello, construye algo auténtico y significativo.

Este libro no es solo una guía de marketing; es una invitación *a repensar cómo* creamos empresas, lideramos organizaciones y nos conectamos con el mundo. La metáfora de los tatuajes no se refiere únicamente de negocios, sino de la vida misma. Un tatuaje representa la marca que elegimos dejar en nuestra industria, nuestra comunidad y, en última instancia, en el mundo. Las marcas pueden desvanecerse, pero los compromisos que asumimos, los valores que defendemos y el impacto que generamos *son lo que realmente nos define*.

En *PVBLIC Foundation*, nuestra misión es *impulsar un cambio real* a través de los medios, los datos y la tecnología. No nos limitamos a generar conciencia; diseñamos soluciones que transforman realidades. Ya sea que, movilizando recursos para los Objetivos de Desarrollo Sostenible de la ONU, creando estructuras financieras que canalicen inversión hacia proyectos de alto impacto o desarrollando plataformas que empoderen a gobiernos y comunidades, nuestro trabajo se alinea con los principios que Clint expone en este libro. No *nos dedicamos a* los discursos vacíos; *nos dedicamos a hacer que las cosas sucedan*.

Tatuajes, No Marcas desafía a empresas, líderes e individuos a pensar más allá de la visibilidad momentánea y a construir algo con verdadero significado. Por ello, esta edición en español cobra especial relevancia: se dirige a una audiencia global que comprende que la fortaleza, el cambio y el legado no son simples conceptos abstractos, sino los pilares sobre los que se construye el futuro.

Mientras lees este libro, te invito a mirar más allá de la superficie. Reflexiona sobre las marcas que dejas en tu vida, en tu trabajo y en tu negocio, porque, al final del día, esas son las que realmente perduran.

Sergio Fernández de Córdova
Presidente, *PVBLIC Foundation*

INTRODUCCIÓN

LOS TATUAJES ME FASCINAN.

La forma en que se ven, la motivación para adquirirlos, lo que significan, su ubicación en el cuerpo, la forma en que envejecen, la forma en que nos hacen sentir, la forma en que pueden hablar sin decir una palabra y ver el borde de uno a través de la ropa crea instantáneamente intriga.

En pocas palabras, los tatuajes son poderosos.

Controversiales, feos y hermosos al mismo tiempo, agresivos y dulces. Cuentan historias. Hacen declaraciones. Son reales en el sentido en el que cambian la vida y pueden durar hasta el final. (A menos que, por supuesto, uno se alinee con la tendencia cultural de eliminarlos - lo que ha creado un negocio multimillonario de procedimientos de remoción láser).

Los tatuajes, en realidad, son similares a todos los productos y servicios que consumimos los que realmente nos importan: aquellos que podemos elegir. Generalmente llamamos a estas cosas: marcas. Como especialistas en marketing, necesitamos una palabra para codificar la avalancha de productos y servicios que tenemos disponibles ya que tenemos una relación con ellos. Pensemos por un momento en lo íntimamente apegados que estamos a nuestros teléfonos, cafés matutinos, champú, auriculares con cancelación de ruido, suéteres favoritos, los automóviles que conducimos - o la bicicleta que usamos, el transporte público que tomamos - y las vacaciones que planeamos. Nos define nuestro estilo de vida.

Si profundizamos más, muy pocas de estas cosas en nuestras vidas son verdaderamente marcas. Una marca es algo tan poderoso y coercitivo que deja una impresión rudimentaria en el cerebro. Muchas de las marcas que nos rodean hoy, fueron creadas y llevadas al mercado en una época en la que había menos opciones, cuando el individualismo era mucho menos valorado y la homogeneidad era la norma.

En su forma más literal, una marca es un sistema de contabilidad rudimentaria para los animales - especialmente el ganado - diseñado para ayudar a los propietarios a determinar de manera eficiente a quién pertenecen. Sin embargo, en sentido figurado, una marca es una taquigrafía inolvidable forjada al calor de miles de millones de dólares en publicidad, relaciones públicas, promoción, ventas personales y tiempo en el mercado. Piensa en Apple, Budweiser, Coca Cola, Disney, Elvis, Vado, Google, Harley Davidson, IKEA, Johnnie Walker, Kleenex, Levi's, Virgin, Los Yankees de Nueva York, Oreo, París, La Cruz Roja, Starbucks, Tiffany, UPS, Visa, Western Union. Y el más reciente, aunque circunstancialmente - Zoom.

Estas, son verdaderamente marcas. Son tan reconocibles en las zonas urbanas como en los pueblos pequeños. Su logotipo y paleta de colores característicos por sí solos, son indicativos del producto. Ocho de cada diez personas que caminan por cualquier calle prácticamente en cualquier lugar del mundo los reconocerán. Sabrán exactamente qué son y qué hacen. Su beneficio para el consumidor será generalmente claro y compartido. (¿De qué otra manera un niño de tres años que no sabe leer reconoce McDonald's?)

Se ha escrito y dicho mucho sobre las marcas globales. No necesitan nuestra ayuda. Han identificado fórmulas para mantenerse en la mente de los consumidores mediante una gestión magistral de los medios propios, ganados y pagos. Su gestión de medios se ve impulsada por enormes desembolsos de efectivo, aprovechamiento de legados, creación constante de contenido y colocación de productos. Todo esto es el resultado de culturas corporativas de innovación. Los consumidores son coaccionados de manera feroz, benevolente, elegante y, a veces, absurda para pensar en estas marcas y comprarlas una y otra vez.

Este libro no se trata de ellas.

En cambio, este libro trata sobre productos, servicios y organizaciones que forman parte de un estilo de vida más original, uno por el que los consumidores reflexivos sienten una pasión genuina. Estas son cosas únicas y sutiles que hacen que los consumidores hablen con entusiasmo sobre lo que valoran, llevándolos a compartir su entusiasmo con familiares, amigos y en sus redes sociales.

Estas son las cosas con las que la gente sueña, siente y vive. En fin, las cosas buenas de la vida. He pasado toda mi carrera como especialista en marketing y emprendedor buscando formas estratégicas de llevar al mercado esas cosas buenas de la vida, a menudo con recursos limitados y siempre en mercados abarrotados.

Durante el primer tercio de mi carrera, a partir de 1991, fui miembro de organizaciones de artes visuales y escénicas. Los otros dos tercios de mi vida los pasé trabajando en una agencia de otra persona y después en la mía. El lado de la agencia es donde comencé a desarrollar muchas de las ideas presentes en "Tatuajes, No marcas: una guía para emprendedores sobre marketing inteligente y creación de negocios." Estas ideas se aplican no sólo a los clientes de arte y cultura, sino también a aquellos que están involucrados con la promoción y la sostenibilidad, comercio electrónico, educación, entretenimiento y otros negocios innovadores como los asociados con la moda, finanzas, alimentos y bebidas, atención médica, lujo, tecnología y más.

A lo largo de los años y a través de experiencias con una amplia gama de negocios, he descubierto que la dinámica que existe entre los clientes impulsados por la misión y los impulsados por el mercado es extraordinariamente convincente. Hoy en mi trabajo de consultoría, aprovechamos la esencia de ambos sectores y servimos a los clientes atendiendo a cada uno para producir los mejores resultados.

Aún así, una y otra vez, he visto a los responsables - tanto especialistas en marketing como ejecutivos - acercarse a nosotros para llevar su producto al mercado cometiendo un error común: querer ser una marca.

Por eso, en este libro les pido, como les pido a ellos, que ajusten su perspectiva y utilicen una estrategia diferente. Les pido que regresen a lo básico y, al mismo tiempo, piensen de una manera contemporánea y creativa que pueda ir contra la corriente. En resumen, le pido que ajuste su forma de pensar sobre cómo articula su propuesta de venta única (PVU), anime a personas inteligentes a probar su producto o servicio y lo coloque en la mejor posición para ser compartido por otros que promoverán el ciclo de sensibilización, creando así demanda e impulsando el tráfico que conduce a las conversiones.

La "mentalidad del tatuaje" que se describe en los siguientes capítulos es precisamente en la que mi equipo y yo hemos trabajado duro durante años, defendiendo el marco y luego administrándolo tácticamente, paso a paso, con nuestra larga lista de diversos socios clientes. No solo puedo garantizar que le ayudará a ser más eficiente y utilizar los recursos de una manera más inteligente, sino que también le permitirá diferenciar su producto o servicio de una manera mucho más articulada, convincente y resiliente. Sin duda, la resiliencia del mercado se está poniendo a prueba en estos días. Cuando terminé de escribir este libro, no podía imaginar que en cuestión de semanas, la COVID-19 cerraría el mundo - demostrando una vez más que el tiempo lo es todo - o que seríamos testigos de la transformación más dramática que el mercado ha visto en décadas. Aunque algunos de los ejemplos que encontrarás en estas páginas se basan en estudios previos a la pandemia, el concepto de tatuaje sigue vigente. Lo que he presenciado desde la primavera de 2020 no ha hecho más que redoblar mi confianza en que hacerse un tatuaje en el mundo actual es más importante que nunca.

Debo asegurar que este libro está escrito teniendo en cuenta las perturbaciones provocadas por la COVID-19.

Los estudios han demostrado que, tanto para los individuos como para las organizaciones, experimentar eventos traumáticos puede conducir a una transformación y evocar una nueva apreciación de la vida, una nueva sensación de fortaleza y un nuevo compromiso al servicio de los demás. Este fenómeno extraordinario está en el centro de los consejos empresariales que encontrará aquí. Pensar como un tatuaje significa estar en sintonía con la forma en que los consumidores ajustan su comportamiento y y con ello los ajustes creactivos que se puedan realizar. De hecho, este enfoque de "back to basics" comenzó a encaminar mi carrera hace treinta años.

A lo largo de este libro, tanto en los estudios de casos anteriores como posteriores a la pandemia, encontrará la misma fórmula para el éxito: un enfoque flexible, auténtico y matizado o, como yo lo digo, una "mentalidad de tatuaje". Después de todo, cualquiera que planee construir y hacer crecer un negocio debe estar preparado para hacer un balance cuando se enfrente a aguas turbulentas para poder adaptarse a los embates de la naturaleza. Las marcas tienen la capacidad de sobrevivir a las tormentas, y podrán hacerlo, gracias a un buen presupuesto corporativo y su nivel de participación en el mercado. Los tatuajes deben depender de otras fortalezas. Principalmente, deben estar preparados para realizar ajustes clave en los puntos de inflexión siguiendo las pautas presentadas en estas páginas.

Para ayudarle a descubrir el tatuaje adecuado para su negocio, cada capítulo concluye con algunas preguntas o ejercicios sencillos en una sección llamada "Tu turno".

¡Así que prepárate y manos a la obra!

CAPÍTULO 1

TATUAJES VS MARCAS

ANTES DE SEGUIR más adelante, juguemos un pequeño juego. Responde a estas preguntas:

- ¿Su empresa u organización gastó más de 2 mil millones de dólares en publicidad paga el año pasado?
- Si caminara por la calle de una ciudad al azar en cualquier parte del mundo occidental, ¿al menos 7 de cada 10 personas con las que se encontraría habrían oído hablar de su producto o servicio?
- ¿Ha existido por más de cien años?
- ¿Es usted una persona famosa universalmente reconocida por sus logros en un deporte, una forma de arte, un descubrimiento científico o algo similar universalmente reconocido?
- ¿Personas desconocidas para usted escriben artículos extensos sobre su producto o servicio sin que se lo pidan?

Si respondió "no" a más de una de las preguntas anteriores, entonces no es una marca. (Lo siento, pero no lo siento) Ahora, sigamos jugando.

Tiene:

- ¿Un producto, servicio u organización realmente excelente?
- ¿Una misión?

- ¿Un presupuesto con límites?
- ¿Desafíos para ganar el interés de la gente en su producto, servicio u organización?
- ¿Tiempo/historial limitado en el mercado?
- ¿Es usted una empresa nueva?

Si respondió "sí" a cualquiera de estas preguntas, entonces debe abordarse como un tatuaje en lugar de una marca.

Es tentador pensar en uno mismo como una marca, lo sé. Ésta parece ser la forma en que el mundo del siglo XXI habla de productos, servicios e incluso de personas. Todo y todos son o tienen una marca. Sin embargo, el hecho es que pocas cosas en nuestras vidas son verdaderamente marcas en el sentido real de la palabra. Las marcas se imponen al cliente. Les dicen qué hacer. Pero una marca puede hacer que usted pierda su individualidad. Agota la oferta distintiva a su consumidor. Dice: "Somos una cosa y sólo una cosa". Como resultado, los gerentes de marcas de bajos recursos regularmente luchan por articular las muchas cosas que intentan ser para innumerables personas.

Los tatuajes, por otro lado, al igual que los que se encuentran en la parte superior de los brazos, el centro del cuello, la mitad del pecho, la parte baja de la espalda y el trasero, son elecciones personales. Son una expresión de individualidad. Un tatuaje transmite un significado instantáneo. Aceptando su valor único y de múltiples capas, explorando formas ingeniosas de llegar a sus clientes donde estén. Pensar en usted mismo como un tatuaje en lugar de una marca es la mejor manera de lograr un progreso medible en el marketing de su producto, servicio u organización.

Usted, como tatuador, es una elección. Y eso es algo bueno.

VOLVER A LO BÁSICO

Ahora que les he asegurado que no son una marca y que no quieren ser una marca, me gustaría dejar igualmente claro que tienen algo increíblemente importante en común con los líderes de la industria y los gigantes establecidos; aún así es necesario comprender los fundamentos de cómo una marca alcanza finalmente ese nivel de ubicuidad. Entre los más importantes se encuentra lo que se conoce como Marketing Mix.

El término Marketing Mix surge de la idea de que, para tener éxito, las estrategias de marketing de cualquier organización combinan algunos ingredientes esenciales. Este término fue introducido por el profesor de Harvard Neil H. Borden, quien comenzó a usarlo después de que su colega, James Culliton, describiera a los especialistas en marketing en la década de 1940 como "mezcladores de ingredientes"[1]. En las enseñanzas de Borden, elaboró un modelo más complicado con al menos al menos doce ingredientes de marketing. El concepto obtuvo una amplia aceptación en 1960, tras la publicación del libro de E. Jerome McCarthy "Basic Marketing: A Managerial Approach"[2]. McCarthy agrupó los ingredientes en cuatro categorías memorables, ahora conocidas como las 4Ps del marketing: producto, precio, punto de venta y promoción. Ninguna de las 4Ps puede funcionar sola y, aunque pueden utilizarse en distintos grados según la organización, cada una de ellas es necesaria para garantizar el éxito de un negocio.

LAS "4PS DEL MARKETING" MIX

La primera de las 4Ps del marketing mix es Producto. Es la mercancía física, servicio o experiencia que ofrece una empresa. Hay varias decisiones relacionadas con el producto que se deben tomar cuando se trata de este elemento del marketing mix, como la función, la apariencia, el empaque, etc. Al crear su estrategia de marketing, las empresas suelen cometer el error común de posicionar su producto por encima de sus beneficios. Es importante que las empresas comprendan completamente sus objetivos y oferta para impulsar las compras de los consumidores. Para hacer esto, una empresa debe abordar la situación desde una per-

---

1   N. H. Borden, "The Concept of the Marketing Mix", Journal of Advertising Research, 1964.

2   E. Jerome McCarthy, *Basic Marketing: A Managerial Approach*, (Richard D. Irwin, Inc. 1960).

spectiva interna y externa, asegurándose de presentarse a sí misma y a los beneficios de su producto de una manera fresca y veraz.

El segundo elemento del marketing mix es el punto de venta. Este elemento tiene que ver con la ubicación real del producto de una empresa y las decisiones asociadas con los canales de distribución elegidos, es decir, los diversos medios para hacer llegar ese producto a su público objetivo. Las decisiones de distribución incluyen cómo asegurar la cobertura del mercado, la selección del canal por parte del consumidor y muchas otras logísticas; en otras palabras, cómo llegará el producto a donde necesita ir para luego venderse.

El tercer elemento del marketing mix es el precio. Esto no siempre significa el precio específico al que se vende un producto sino más bien toda la estrategia de precios que asumirá una organización. Los precios abarcan no sólo cifras de precios minoristas sino también descuentos y financiación. Al tomar decisiones sobre precios, una empresa debe considerar sus márgenes de beneficio y los precios de sus competidores.

El cuarto elemento del marketing mix es la promoción. A menudo, las empresas piensan que la promoción es simplemente la parte de ventas del mix. Otras empresas pueden cometer el error de enfocar la promoción sólo en términos de generar conciencia sobre su producto, no en términos de venta real. De hecho, la promoción es el ingrediente del marketing mix que manipula cómo una empresa se comunicará y venderá a sus clientes potenciales. Las decisiones promocionales incluyen ventas e involucran publicidad, relaciones públicas y tipos de medios - propios, ganados y pagados - que abordaremos con más detalle en los capítulos posteriores.

Entonces, ¿por qué es importante aprender estos fundamentos básicos del viejo mundo, del siglo XX? En pocas palabras, por la razón básica de que las marcas manejan las 4Ps extremadamente bien. Esto significa que deben hacer lo mismo, pero de una manera nueva, sofisticada, decidida y del siglo XXI. Como no se puede confiar en los activos, la lealtad, los recursos y las fórmulas establecidas que utilizan las marcas desde hace mucho tiempo que utilizan las marcas, a menudo es necesario piratear el sistema para evitar desperdicios e ineficiencias. El hacking le permite diseñar a medida una versión del marketing mix para su situación, misión, valores específicos y, lo más importante, para su "usuario". Crea una mentalidad y una organización lo suficientemente ágiles como para repensar el Punto de Venta en el contexto de: nuevas tecnologías, una pandemia global o cualquier otro trastorno importante.

No puedo enfatizar lo suficiente cómo todo comienza con la experiencia de usuario. Pensar en usted mismo como un tatuaje en lugar de una marca le ayudará a hacer lo que las organizaciones sin marca necesitan hacer. Eso significa ponerse en los zapatos de su cliente y diseñar una experiencia simple, directa que de principio a fin que satisfaga las necesidades e intereses de su audiencia específica.

Echemos un vistazo al negocio del vino. Para todos los efectos, la primera P (el Producto, el vino) es consistente entre los productores. Las uvas se cultivan, se trituran y se embotellan durante un período de tiempo determinado. Finalmente, se venden como productos legalmente regulados. El vino ha existido desde siempre, y si le pregunta a alguien en su propio vecindario o al otro lado del mundo si sabe qué es el vino, tenga la seguridad de que le dirá si lo ha probado o no.

Al mismo tiempo, el nivel de satisfacción con el vino es extremadamente subjetivo. Aquí es donde entra en juego la coordinación de las otras tres Ps. Una botella de vino de $5 y una de $500 evidentemente tienen unprecio muy diferente por varias razones. Un precio podría servir a un mercado de un millón de clientes, mientras que el otro sirve a un mercado de mil conocedores. Sin duda, la promoción y el lugar también serán diferentes. Es posible que vea una de las botellas en todas partes - supermercados, grandes tiendas, todas las tiendas de especialidad en cada esquina. Es posible que deba buscar otra botella y solicitar la ayuda de expertos para encontrarla.

Ahora, digamos que John Doe ahorró algo de dinero y finalmente abandonó la monotonía de su carrera para cumplir el sueño de su vida de ser enólogo. Compra un terreno, planta un viñedo, elabora vino y, después de algunas temporadas incansables de prueba y error, produce un producto que es realmente bueno. A sus amigos les gusta, a su familia le gusta y él cree que está listo para dar el siguiente paso y convertir su sueño en un verdadero negocio.

Entonces, ¿qué sigue?

Bueno, digamos también que John Doe tiene una perspectiva de marca hacia las 4Ps. No es que realmente compare su vino con Chateau Doe, Gallo o Sutter Home - su bebida es mucho mejor, se apresuraría a decir - pero esas marcas ciertamente tienen una participación de mercado considerable en la que está bastante seguro de poder ingresar. Su estrategia de marketing, por tanto, es replicar esas marcas. Donde se vendan esas marcas, él intentará vender la suya; cómo se fija el precio de esas marcas, intentará fijar el precio de la suya; cómo se promocionan esas marcas - cómo se ven las etiquetas, dónde se anuncian los vinos, qué dicen los anuncios - y los emulará.. Intentará replicarlo todo, a pesar de que su viñedo puede producir como máximo mil botellas.

Pero, ¿qué tan satisfechos estarán sus clientes? Como no es una marca, algo en su marketing mix no cuadrará. Quizás le resulte imposible vender a su precio, lo que significa que sus botellas permanecen en los estantes. Tal vez no podrá satisfacer la demanda de los distribuidores de las grandes marcas o permitirse la publicidad de la marca, lo que significa que su vino permanecerá en su bodega sin generar demanda. En pocas palabras: el vino de John sigue siendo una experiencia agradable para sus amigos y familiares, pero será irrelevante para todos los demás.

Digamos que John lo piensa mejor y decide seguir un enfoque de tatuaje. En lugar de intentar replicar una marca, comienza a pensar en lo que sería replicar el placer y la satisfacción que experimentan sus amigos y familiares. Manteniendo intacta la narrativa de su Producto, a través del Punto de venta, el Precio y la Promoción, para evocar la misma satisfacción en sus clientes. ¿Cómo puede hacerlo? Él conoce su historia, sabe que la elaboración de vino ha sido su sueño durante años, él dejo su lucrativa carrera para lograrlo, él mismo diseñó y dibujó las etiquetas, sabe exactamente de dónde provienen las uvas que fueron cultivadas orgánicamente y que cada vino es una mezcla personalizada.

Pensar de esta manera cambia por completo su plan de negocio. Se da cuenta de que ninguna de las 4Ps pueden valerse por sí solas. Si intenta avanzar sin incluir a cada una, fracasará. A medida que desarrolla las 4Ps, su forma de mercadear cambia y su modelo de distribución cambia. Sus requisitos de precio y producción están establecidos, y su vino llega a las manos de un público agradecido. Ahora está preparado para seguir adaptando cada componente de las 4Ps para hacer frente al crecimiento empresarial y los cambios del mercado.

Por el contrario, si usted es como muchos de los empresarios ambiciosos y especialmente exitosos que encuentro regularmente, no pensará automáticamente en las 4Ps y en cómo se relacionan con el marketing contemporáneo. Desafortunadamente, ignorar los fundamentos es un error enorme. Digo esto porque, al final, su tarea es relativamente simple: crear un producto o servicio que tenga demanda, descubrir la mejor manera de llevarlo a su mercado objetivo, determinar qué precio ese mercado está dispuesto a pagar y determinar cómo convertir prospectos en clientes de pago.

Pero la infinidad de detalles que se interponen en el camino de estos objetivos confunden habitualmente el proceso. Centrarse en las 4Ps le permite simplificar cualquier complicación y aclarar los elementos de mayor importancia para sus consumidores. También debería ayudarle a ampliar sus ambiciones para que pueda centrarse en cómo hacer crecer o mantener su cuota de mercado. La clave es no adelantarse cuando se trata de una estrategia de marketing y, en última instancia, fracasar.

Considere este libro como un manual para personalizar las 4Ps para que se ajusten con precisión tanto a sus necesidades como a las de sus clientes.

CÓMO LAS 4PS CAMBIARON MI VIDA

Fui el primer encargado de marketing en el Museo Whitney de Arte Estadounidense de la ciudad de Nueva York a mediados de los años noventa. Trabajé allí de 1996 a 1999, adquiriendo una apreciación profundamente arraigada por la estética y el poder trascendente del arte visual, ética de trabajo creativa, el valor del ajetreo y una comprensión de las ventajas del fracaso. Y fue allí donde me conecté con el amor y la luz de mi vida: mi esposa y guía, Marilou Aquino.

En retrospectiva, resulta sorprendente que el Whitney no tuviera un departamento de marketing hasta el segundo mandato de la administración de Clinton, pero era una época diferente. Se podría decir que son tiempos más simples: sin acceso generalizado a Internet, sin correo electrónico, sin redes sociales. Al parecer, nuestro trabajo consistía simplemente en informar a las audiencias ya interesadas dónde y cuándo podían encontrar nuestro Producto.

La "Gray Lady" (como se llamaba entonces al New York Times, todavía en blanco y negro) fue nuestra táctica publicitaria principal, junto con los patrocinios de NPR y tal vez algunos pequeños anuncios en las revistas que se encuentran en las habitaciones de los hoteles de lujo. La revista Time Out New York acababa de lanzarse con el brillante y llamativo eslogan: ""Welcome to New York. Now get out." Era lo más popular de la ciudad y colocábamos anuncios allí esporádicamente.

Sin embargo, una de nuestras principales preocupaciones era crear calendarios trimestrales de la actividad de los museos y entregarlos incansablemente a través del correo estadounidense a bibliotecas, librerías, otras organizaciones artísticas, universidades y centros turísticos. Fácil, ¿verdad? Anunciar lo que está sucediendo y observar cómo llega la multitud.

Bueno no.

En realidad, esto no era marketing; esto seguía una serie de pasos establecidos, hace mucho tiempo en una época aún más sencilla, para llegar a cualquier persona interesada en las exposiciones y eventos del museo. De hecho, se trataba de marketing basado en productos o, de hecho, "comercialización de la oferta". Esto nos estaba vendiendo muy poco.

Vivíamos en una burbuja y nos dirigíamos exclusivamente a lo que Keith Diggle, un pionero del marketing artístico, llama la "audiencia disponible" o personas a las que ya les importa.[3] La audiencia disponible tiene un patrón de participación establecido. Reciben aportaciones sobre el producto o servicio de múltiples fuentes que, en la mayoría de los casos, comienzan con sus compañeros y amigos. Por supuesto, todos los presentes quieren ver una exposición fabulosa de un artista del que nunca han oído hablar, ¿verdad?

Incorrecto.

Los especialistas en marketing artístico sufren con demasiada frecuencia de "arrogancia de la idea". Creen que su producto se venderá solo. Ese fenómeno se combina con una de las peores aflicciones que existen: la idea de que no tienen dinero para invertir en marketing. No fue hasta mucho más adelante en mi carrera que me di cuenta de que este no es un fenómeno exclusivo de los museos o de las organizaciones sin fines de lucro. Este tipo de pensamiento ocurre constantemente en la tecnología, la atención médica, los viajes y, especialmente, en las nuevas empresas. Las organizaciones destinan mucho dinero a productos, personal, abogados y consultores, pero poco o nada a crear conciencia sobre lo que se ha desarrollado y determinar de forma inteligente, el costo de adquisición por cliente.

Un colega, consultor de empresas emergentes, lo expresó así durante un desayuno hace unos años: "Dan a luz a un bebé y luego esperan que encuentre su camino en el mundo por sí solo".

Sí, muchas empresas emergentes tienen como objetivo crear un negocio lucrativo lo más rápido posible para poder venderlo y obtener ganancias. Si ese es su objetivo, podemos entender por qué no adoptan una perspectiva a largo plazo. Sin embargo, ¿salir al mercado con conocimiento de su negocio y una mayor participación de mercado no crearía una valoración aún mayor?

Sin embargo, las organizaciones sin fines de lucro generalmente tienen un punto de vista a largo plazo. Su misión lo requiere; los objetivos a menudo toman un tiempo para lograrse y, por lo tanto, requieren

---

3   Keith Diggle, *Guide to Arts Marketing*, (Rhinegold Publishing Ltd, 1984).

paciencia. Las organizaciones sin fines de lucro están diseñadas para tener una vida útil larga y, por lo tanto, necesitan desesperadamente conciencia y demanda para generar ingresos ganados y no ganados.

Ignorar la importancia de crear conciencia no tiene sentido. Simplemente no es inteligente gastar enormes cantidades de dinero (sin mencionar tiempo, energía y pasión colectiva) para crear y presentar un producto, exposición o servicio con una vida útil de ocho semanas a ocho meses, y luego dedicarle minutos para crear conciencia, crear demanda y generar tráfico. Después de todo, si se abre una exposición en el bosque y nadie la oye ni la ve excepto los habitantes del bosque, ¿qué importancia tiene? Sin mencionar el hecho de que se gastan fondos públicos para apoyar este fin inaudito y poco apreciado.

Crear y capitalizar un activo - ya sea una exposición, una aplicación, un refrigerio saludable para niños o una organización sin fines de lucro con la capacidad de efectuar cambios - y luego de capitalizar su promoción es como postularse para presidente y no hacer campaña. Es el enfoque de "constrúyelo y ellos vendrán". No funciona. Los especialistas en marketing ven esto todo el tiempo en todas las industrias y la gente realmente piensa que funciona. O al menos eso parece. Con demasiada frecuencia, los museos y las organizaciones de artes escénicas - en realidad, las organizaciones sin fines de lucro en general - están orientados hacia un crecimiento plano y la no implosión. Es el modo de supervivencia, siempre.

¿Por qué? ¿Es porque el Producto cuesta mucho crear y está tan sujeto al gusto personal del curador o director artístico? ¿Es porque el Precio es correcto o incorrecto, o peor aún, está basado en un modelo defectuoso? ¿Se debe a problemas con el punto de venta (también conocido como medios de distribución), incluida su ubicación física? ¿O es Promoción, las formas en que utilizamos nuestros recursos para llevar a los clientes al "embudo de demanda"? (Algo que cubriremos en los próximos capítulos.) Las razones son multivalentes pero estructuralmente arraigadas en una orientación básica alejada de los principios de los costos de adquisición de clientes y la inversión a largo plazo en el desarrollo de la audiencia.

Cuando era un chico de veinticinco años con un grado en Inglés, luchaba con estas preguntas importantes en los viajes en metro al trabajo en el Whitney, armado con un manual de cinco dólares llamado Naked Marketing: The Bare Essentials, de Robert Grede.[4] Un día, de camino a casa desde el trabajo, lo compré en una librería local con cierta vergüenza. En realidad, ese pequeño libro me dio los fundamentos que necesitaba desesperadamente para formalizar mi pensamiento.

Desglosado en las 4Ps del marketing de Jerome McCarthy, fue mi primera exposición a sus conceptos de marketing mix y los de Neil Borden. Al igual que los chefs preparan recetas basadas en los ingredientes disponibles o en las preferencias dietéticas de los invitados, McCarthy propuso que cada campaña de marketing fuera una combinación de producto, punto de venta, precio y promoción. Aunque mis propias habilidades culinarias en ese momento se limitaban a recalentar comida para llevar y hervir ramen, mi imaginación se despertó de inmediato.

Muy pocas personas en mi mundo centrado en el arte querían hablar sobre lo que hacíamos al servicio del marketing en estos términos básicos, algo así como Mad Men,[5] por lo que no fue especialmente gratificante para mí mencionarlos al principio. De hecho, recuerdo que mi referencia a una exposición como "el producto" en una mesa redonda con colegas especialistas en marketing de museos fue descartada como repugnante y grosera.

Fue una experiencia reveladora. Y solo hizo que me interesara más en ir más allá y pensar en "el producto" con más profundidad y sofisticación. Pronto comencé a considerar una exposición menos como una colección o agrupación de arte acompañada de un catálogo que explica el punto de vista del curador, y más como una experiencia distintiva y una oportunidad para que el cliente participe en algo absolutamente único.

Una de las primeras oportunidades que tuve para poner en práctica

---

4 Robert Grede, *Naked Marketing: The Bare Essentials,* (Prentice Hall, 1997, 1ª ed.)

5 *Mad Men* fue una serie de televisión dramática de época premiada sobre la industria publicitaria. alrededor de 1960. Creada por Matthew Weiner y producida por Lionsgate Television, la serie se desarrolló desde 2007 a 2015.

estas teorías llegó con la Bienal de 1997 en el Museo Whitney de Arte Estadounidense. Este evento fue un punto de inflexión en el género: instalación, arte sonoro, arte escénico externo, junto con muchas pin-turas, dibujos y esculturas de primer nivel, todos co-existiendo en una extensa exposición de varios nive-les. Fue co-curada por Lisa Phillips, miembro del personal de Whit-ney desde hace mucho tiempo, y Louise Neri, escritora y crítica. Su per-spectiva de la exposición era amplia, intelectual y, francamente, demasiado compleja para conectar con alguien fuera del cír-culo de conocedores.

Luchamos por cómo promocionar la instalación como una exhibición de visita obligada que provocaría colas de personas esperando para entrar - la elusiva medida de "éxito de taquilla" por la que la mayoría de los especialistas en marketing de museos se juzgan a sí mismos. Trabajé diariamente en esta búsqueda con mi jefa, Mary Haus, directora de comunicaciones y escritora y pe-riodista de arte de gran talento. Ella se encuentra entre los mejores es-critores con quienes he trabajado y para quienes he trabajado. De hecho, de ella aprendí a ser limpio, claro y conciso en la elección de palabras e imágenes. Empecé a comprender que esta habilidad es la esencia del marketing.

Dado que la producción de la publicación del calendario promo-cional trimestral estaba en mi competencia, tenía la responsabilidad de escribir un anuncio sobre la próxima Bienal. Esta muestra fue la mejor

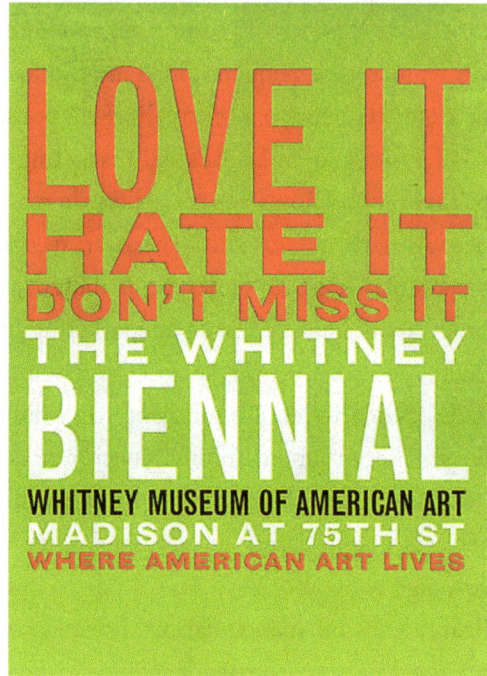

oportunidad para que el público juzgará el arte contemporáneo. Capacitar a quienes más sabían sobre arte para que adopten ese concepto - los destinatarios del calendario, por ejemplo - podría ser un buen punto de inflexión en la forma en que nos comunicamos.

"Ámalo, Ódialo, No Te Lo Pierdas". Escribí estas líneas como introducción a mi propaganda de la Bienal. Mary y yo revisamos juntos la propaganda en su oficina. Lo leyó en voz alta con su voz peculiar y expresiva. Siguió un largo momento de silencio. Nos miramos y supimos que teníamos la campaña.

Rápidamente llamamos a Michael Rock de 2x4, nuestra firma de diseño, y le compartimos nuestra idea. Inmediatamente lo entendió y comenzó a trabajar en una articulación, visualmente audaz, del slogan.

Seré honesto: nuestro trabajo con este fin no recibió aprobación ni elogios de nuestros colegas de manera inmediata ni universal. De hecho, hubo una importante resistencia por parte de los curadores. ¡Cómo nos atrevemos a sugerir que era posible que a un visitante no le gustara la obra de arte que había elegido y reunido para que el mundo la revisara!

Nos convocaron a una reunión donde se abordó esta falta de alineación. Los curadores querían algo hermoso y representativo de su muestra, algo que - como siempre, para ser justos - presentara una obra de la exposición. Sin embargo, claramente queríamos algo provocativo, algo que permitiera a la audiencia emitir su propio juicio de valor. Queríamos algo que diferenciara la experiencia que ofrecíamos de la de nuestros compañeros, y el "Ámalo, Ódialo, No Te Lo Pierdas.". El eslogan lo hizo por nosotros. Nosotros, como especialistas en marketing, argumentamos que algo llamativo y elegantemente disruptivo del status quo no sólo sería más efectivo, sino que también sería más adecuado para el Producto y el Punto de venta. Afortunadamente, con el apoyo vehemente de la increíble Susan Courtemanche, directora de asuntos externos del Whitney en ese momento, David Ross, el director del museo, estuvo de acuerdo y la campaña cobró vida.

Nos pusimos a trabajar activando la parte de Promoción, comenzando con la publicidad en el sistema de metro de Nueva York, un canal estratégico para enviar un mensaje inclusivo sobre el Whitney. También mencionamos intercambios con Diesel, la empresa de indumentaria con una nueva tienda minorista no lejos del Museo, para dar a los jóvenes una idea de la oportunidad que les ofrece la Bienal. Y se negoció un patrocinio con Beck's, una empresa cervecera alemana, para promover el aspecto social y divertido del evento, en lugar de un asunto aburrido y exclusivo del Upper East Side.

No sólo terminamos con una de las exposiciones más concurridas en la historia del museo, sino que también liberamos un bloqueo hasta entonces persistente en la forma en que hablamos del museo. Nuestro enfoque dejó espacio para una apreciación completa y honesta de la amplitud de experiencias de usuario que ofrecía. El anuncio en sí pasó a formar parte de las reseñas de los principales medios, incluidos The New York Times, Chicago Tribune y The New Criterion, cuyo artículo comenzaba:

"ÁMALO, ÓDIALO, NO TE LO PIERDAS.", se lee en el anuncio, visto en los trenes subterráneos de la ciudad de Nueva York para la Bienal del Whitney de 1997. A juzgar por las multitudes que se agolpan en el Whitney, la mayoría de los visitantes que han respondido a esa llamada parecen ser simplemente buscadores de curiosidad para quienes las exposiciones de los museos tienen menos que ver con el arte que con la moda. ("Estar allí o ser cuadrado" es el lema subyacente del programa).[6]

Una crítica burlona, sin duda, pero, al mismo tiempo, es más o menos lo que buscábamos. Es por eso que se utilizó la misma línea en campañas posteriores durante las décadas siguientes. Leonard Lauder, el legendario creador de marcas de cosméticos y presidente emérito del Whitney, lo calificó de icónico en una entrevista reciente en diciembre de 2020.

Como dije antes, centrarse en las 4Ps te permite simplificar tu enfoque y aclarar los elementos de mayor importancia para tus consumidores. La clave es ser creativo y hacer ajustes eficientes y efectivos siempre que sea posible.

En mi caso en el Whitney, como ocurre con muchos especialistas en

---

6   Mario Naves, "Promising Signs," The New Criterion, Junio de 1997, https://newcriterion.com/issues/1997/6/promising-signs.

marketing, las dos primeras P - Precio y Producto - ya estaban establecidas. Con razón, no tuve voz en el costo de la membresía o la admisión y,
con razón, no tuve influencia en el contenido de la exhibición. Además,
el punto de venta - dirección, horario - no era algo que pudiera cambiar.
Entonces, ¿dónde tenía tracción potencial? ¿Dónde podría concentrar
mi energía y trabajo para adaptarme a mi entorno, como diría Darwin?

Promoción.

Promoción que podría controlar. Y a través de él, con un presupuesto
limitado, podía ofrecer a los visitantes potenciales la promesa de una experiencia y, aún más, darles la opción de decidir si querían esa experiencia
o no.

El instinto del liderazgo creativo de fabricación de productos en el
Whitney durante ese tiempo era asumir que el evento era una marca.
Que generaría interés simplemente porque era lo que era: una exposición
que, en su opinión, era realmente hermosa, única e interesante. Que todo
lo que tenían que hacer era construirlo y vendría gente. Pero en realidad
lo que ofrecían era una transacción unidireccional. No invitó ni permitió
el descubrimiento. No le dio a nadie que no estuviera ya dentro del "club"
de Whitney ningún incentivo para llamar a la puerta.

Allá por los años 90, intentábamos ser lo que ahora llamo un tatuaje
rompiendo moldes establecidos y asumiendo riesgos de los que algunos
podrían burlarse. Al centrarnos en la experiencia del usuario como algo
que se puede tener y no solo un producto para consumir, estábamos dando una consideración muy esperada a los clientes que no estaban "dentro"
y ya estaban convencidos de la experiencia. En lugar de dejar pasar a los
visitantes potenciales, abrimos la puerta lo suficiente para decirles que
podría haber algo interesante detrás. Lo suficiente para que quieran descubrir y experimentar por sí mismos lo que podría ser.

Eso es lo que hace un tatuaje. Invita al descubrimiento. Pone al usuario en el asiento del conductor y le permite tomar el mando desde allí.
El hecho es que la gente quiere usar cosas, hacer cosas, comprar cosas en
las que creen y en las que confían. Y hacen esto principalmente porque
les gusta cómo se siente hacerlo.

Comprar plátanos que están certificados por Rainforest Alliance es mucho mejor para algunas personas que comprar plátanos que no lo son. Alojarse en un hotel boutique como Kimpton, que acoge a su perro como parte de su familia, lo hace sentir cómodo y alivia uno de los desafíos de viajar con su compañero peludo. Usar una aplicación que brinda una solución a un punto de fricción real en tu vida, como facilitar el ahorro de dinero, conocer gente en tu nueva ciudad o lavar la ropa, se siente bien. Y asistir a una exposición de arte importante que se realiza una vez cada dos años parece más importante e interesante que ir a una película u otro evento cultural.

La sensación que se describe aquí es diferente de la sensación probada y verdadera de tomar una Coca-Cola clásica helada, escuchar "(I can't get no) Satisfaction" o usar la tarjeta MasterCard para pagar. Es el sentimiento inherente que resulta de las elecciones de estilo de vida de la misma manera que hacerse un tatuaje y usarlo, ya sea de manera discreta o llamativa, genera un sentimiento ineludible e innegable en quien lo usa.

Entonces dígame, aunque usted no fuera una marca reconocida, ¿no es así como le gustaría que sus clientes lo percibieran?

TU TURNO

1. ¿Cuáles son sus 4Ps: producto, punto de venta, precio y promoción?

2. ¿En qué se diferencian de las 4Ps de su competidor?

3. ¿Cómo quiere que se sientan sus clientes cuando interactúen con usted?

CAPÍTULO 2

EXPERIENCIA DE USUARIO : LA GUÍA PRINCIPAL DE LOS TATUAJES

A LO LARGO DE ESTE LIBRO, hay otro concepto de marketing que deberá comprender claramente: Diseño de experiencia del usuario, o UX, una palabra de moda en tecnología y desarrollo de productos por una buena razón. Es esencialmente la práctica de ponerse en el lugar de su cliente y crear una experiencia de principio a fin que sea clara, simple y que satisfaga las necesidades e intereses de su audiencia específica. De la misma manera, este libro le pedirá de forma clara y sencilla que piense en el contexto cultural en el que vive su cliente y, al mismo tiempo, le planteará numerosas preguntas que le ayudarán a ponerse en su lugar.

¿Por qué? Porque sólo cuando pueda pensar desde la perspectiva de sus clientes podrá comunicar mejor su propuesta de venta única (PVU), la razón por la que deberían elegirlo a usted por encima de alguien o algo más. Justo como elegirían un tatuaje.

EVOLUCIÓN DEL TATUAJE

Así que hablemos más en profundidad de los tatuajes, cuya evolución es, en sí misma, una rica metáfora de una progresión hacia la independencia y el individualismo. Comprender la historia de la cultura del tatuaje aclara aún más la diferencia entre una marca omnipresente y la expresión de identidad y valores, que es más dinámica y personal, que ofrece un tatuaje contemporáneo.

Los tatuajes alguna vez fueron mucho más utilitarios. Desde hace miles de años, los tatuajes eran comunes en todo el mundo como cicatrices físicas reales, como marcas de ganado, que denotaban el clan, el estatus o la historia, la fe, los logros o incluso los crímenes de una persona, siendo el valor simbólico peculiar específico de comunidades específicas.[7] Sólo más recientemente esta marca evolucionó desde un significado ritual o cultural y de pertenencia comunitaria a un símbolo de identidad personal. Es este cambio en el significado de un tatuaje durante las últimas décadas demuestra de manera material y humana cómo ha cambiado el mundo.

En la América precolonial, diferentes comunidades tribales nativas tenían distintas tradiciones de tatuajes (algunas más ornamentales, otras de naturaleza más ceremonial y espiritual) que proporcionaban información sobre las expresiones culturales de logros, lealtades grupales, identidad y estatus. Algunos de los primeros tatuajes no nativos en los EE.UU. se remontan a la Revolución Americana, cuando los marineros estadounidenses, que a veces eran capturados y obligados a ingresar en la Marina Real Británica, usaban tatuajes para afirmar visualmente su nacionalidad. Posteriormente, los marineros también utilizaron los tatuajes como souvenirs corporales, documentando cada puerto con una ilustración representativa. Sus cuerpos eran básicamente como pasaportes vivientes, sellados en cada puerto. El tatuador estadounidense Norman Keith Collins hizo famosos estos tatuajes de "Sailor Jerry". Aunque Collins inició el glamour percibido de los tatuajes, no era algo común.

Los tatuajes continuaron expresando identidad con fines sociales y organizacionales durante décadas. Eran comunes entre pandillas y miembros de comunidades marginadas, a veces voluntarias y otras no. En la década de 1940, las lesbianas se tatuaban estrellas náuticas en la parte interna de sus muñecas para indicar su identidad sexual en una

---

7   Hussain Abbasi, "African Tribal Tattoos," Folk Culture, Bahrain, consultado el 30 de Mayo de 2021, https://www.folkculturebh.org/en/?issue=13&page=showarticle&id=7."

época en la que no era seguro expresar la homosexualidad en muchos contextos sociales. Podían mostrar sus símbolos a su propia discreción, una muestra selectiva de identidad que todavía se aplica a los portadores de tatuajes en la actualidad.

En la década de 1950, los tatuajes se convirtieron en gran medida en un símbolo de masculinidad y rebelión. Y poco a poco, durante la década de 1960, se convirtieron también en un emblema de la contracultura. Los hippies y motociclistas con tatuajes eran atrevidos e inusuales. Después de su muerte, el delicado tatuaje de pulsera de Janice Joplin inspiró a sus fans a hacerse uno también. Desde la década de 1960 hasta la de 1980, el fotógrafo Arkady Bronnikov documentó y descifró los tatuajes populares en las prisiones de la Unión Soviética. Los reclusos asignaban intrincados códigos de significado a cada "tipo" de tatuaje: una rosa en el pecho significaba que el recluso cumplía dieciocho años en prisión; una serpiente alrededor del cuello era señal de adicción. A los asesinos se les tatuaban calaveras y ataúdes. A veces, un grupo de reclusos los hacían a la fuerza a otro grupo de reclusos, para advertir a la comunidad penitenciaria sobre los detalles de los crímenes de un delincuente y, a veces, voluntariamente el propio recluso se los hacía como forma de alardear, sin admitir explícitamente ninguna fechoría.[8]

A lo largo de esas décadas, hacerse un tatuaje era algo generalmente inusual en Estados Unidos. Los tatuadores profesionales en el país se cuentan por cientos. Antes de la década de 1990, menos de uno de cada diez estadounidenses tenía tatuajes. Hoy en día, sin embargo, hay decenas de miles de artistas que hacen tatuajes. Según Dalia Research, aproximadamente el 46 por ciento de la población de Estados Unidos y el 33 por ciento de la población de Canadá usan al menos un tatuaje.[9] Y aunque la tendencia todavía está liderada por los jóvenes - el porcentaje

---

8 Decoding Russian Criminal Tattoos in Pictures," The Guardian, "Art and Design," September 18, 2014, https://www.theguardian.com/artanddesign/gallery/2014/sep/18/decoding-russian-criminal-tattoos-in-pictures.

9 "Tattoo Removal Market – Growth, Trends, COVID-19 Impact, and Forecasts (2021–2026)" Mordor Intelligence, July 2020, https://www.mordorintelligence.com/industry-reports/tattoo-removal-market.

entre los millennials es del 40 por ciento - pero en estos días parece que ningún grupo demográfico es inmune a los encantos de un tatuaje. El quince por ciento de los que respondieron a una encuesta dijeron que se hicieron su primer tatuaje después de los treinta años.

¿A qué se debe el relativo auge de los tatuajes entre jóvenes y mayores, conservadores y liberales, hombres y mujeres e inconformistas? Según los investigadores, las personas que entrevistaron que se habían hecho tatuajes "parecían necesitar pruebas de que sus identidades existían. Confiaban en los tatuajes como una forma de establecer una cierta comprensión de quiénes eran en realidad".[10]

Parece que en nuestra sociedad postmoderna y fragmentada, las instituciones tradicionales como la religión, el trabajo y la familia son menos estables y predecibles, y los objetos materiales como las casas o los automóviles son menos importantes que la educación y la concienciación. Como resultado, los millennials tienen menos anclajes, o quizás más débiles, a los "mitos personales" de la religión, el trabajo y la familia que alguna vez formaron la base de la identidad. Y, como han inferido Anne Velliquette, profesora de marketing de la Universidad de Arkansas, y sus colegas investigadores, los estadounidenses ahora ven los tatuajes como una forma clara y física de mostrar al mundo y a ellos mismos quiénes son exactamente.[11]

Por supuesto, en una sociedad fragmentada y postmoderna, quién eres a menudo también puede cambiar rápidamente. Aproximadamente la mitad de la población tatuada no tiene uno, sino entre dos y cinco tatuajes que expresan múltiples identidades o expresan una única identidad de diversas maneras. Al mismo tiempo, para algunos que consideran que los salones de tatuajes son ahora demasiado convencionales, los tatuajes "stick 'n' poke" - básicamente, tatuajes estilo prisión "bad-ass" - llevan la autoexpresión un paso más allá. Este enfoque ilustra el grado en el que también

---

10   Chris Weller, "The Identity Crisis Under the Ink," The Atlantic, November 25, 2014, https://www.theatlantic.com/health/archive/2014/11/the-identity-crisis-under-the-ink/382785/

11   Anne M. Velliquette, Jeff B Murray, Deborah J Evers, "Inscribing the Personal Myth: The Role of Tattoos in Identification," Investigación sobre el comportamiento del consumidor, vol. 10, 2006.

ha evolucionado la tensión entre la corriente principal y la contracultura.

Además de eso, la eliminación de tatuajes ha aumentado (50 por ciento en sólo un año entre 2011 y 2012), lo que no debería ser una sorpresa. Los corazones pueden ser volubles. Las mentes pueden cambiar. Y la gente también puede evolucionar. Por infinitas razones, la persona que ves hoy podría no ser la misma que verás dentro de cinco, diez o veinte años. Expresar quiénes somos es un ciclo interminable de adquisición, adaptación y despojo mientras trabajamos para descubrirlo.

EL FACTOR ALOJAMIENTO

Lo que nos lleva de nuevo a las marcas. Los consumidores a menudo se ven obligados, sin pensarlo, a consumirlas por conveniencia (menú de McDonald's a 1 dólar), ubicuidad (Kleenex) o relaciones comerciales (Coca-Cola o - nunca, y - Pepsi en un estadio deportivo). Se imponen a sus usuarios, como las antiguas marcas de ganado. Claro, podrían promocionarse como una elección que hacen los usuarios, pero en su mayor parte, eso es una fachada. Las marcas tienen el lujo de dar por sentado el conocimiento y la creación de demanda, ya que en gran medida ya han logrado ambas cosas. En lugar de acomodarnos a nosotros y a "nuestro estilo de vida como consumidores, en muchos sentidos nos estamos adaptando a ellos.

Esa rigidez, esa impersonalidad, es algo que las marcas pueden darse el lujo de hacer, pero algo que pocas empresas de pequeña capitalización y organizaciones sin fines de lucro pueden lograr con éxito. Y si bien puede ser tentador ver esto como una desventaja, como algo que hay que superar y superar, permítanme asegurarles que cuando adoptan la mentalidad del tatuaje por encima de la mentalidad de la marca, esta frustración desaparece. Lejos de ser una limitación, el mero hecho de que los clientes no tengan que recurrir a usted y, de hecho, tengan opción y voz en el asunto, en realidad ofrece un beneficio menor para la organización. Le brinda la oportunidad de aprovechar tanto la crisis de identidad actual de la sociedad como la agilidad y flexibilidad inherentes a su organización.

Recuerde nuestro "Ámalo, Ódialo, No Te Lo Pierdas." para la exposición Bienal de Whitney analizada en el capítulo anterior? No le estábamos diciendo a la gente qué hacer con su tiempo, qué valorar o qué pensar a través de ese mensaje. En cambio, prometíamos a los visitantes una experiencia valiosa e insinuamos que si se identificaban o se esforzaban por identificarse con esa idea, la experiencia era algo que simplemente no podían perderse. Queríamos atraer a un público más amplio. Efectivamente, cuando salimos a buscar a una persona, descubrimos la flexibilidad para adaptarnos, para llegar a más personas, porque estábamos dispuestos a encontrarlas donde ellas se encontraban.

La experiencia del usuario - UX - es, por lo tanto, lo que usted tiene para ofrecer y el grado de compromiso del cliente. Eso es mucho más importante en el mercado hoy en día que cualquier logotipo o identidad de marca.

La forma habitual de abordar la idea de UX es preguntar cómo reacciona la gente promedio ante las aplicaciones y los sitios web. Para que quede claro, UX no es una tecnología simple. Es más que cómo se ve la aplicación o cómo se siente la interfaz. Si bien estas son partes del todo, quiero que piensen más allá de la experiencia tecnológica. Piense en la totalidad de la experiencia y en cómo una experiencia puede fluir sin problemas en el estilo de vida de un usuario. Estamos hablando de una interacción mucho más íntima, holística e incluso emocional que comienza mucho antes de recorrer cualquier galería, probar cualquier barra nutricional o tocar cualquier pantalla. La experiencia del usuario es la forma en que te sientes no sólo durante, sino antes y después de cualquier viaje.

Por supuesto, era importante que los visitantes del Whitney tuvieran una experiencia que los hiciera reflexionar, que fuera estimulante e incluso inquietante mientras estuvieran en el museo. Pero no menos importante en nuestra ecuación de marketing mix fue cómo las personas experimentaron la decisión de asistir a la Bienal en primer lugar, y cómo se sintieron durante días, semanas, meses y años después de su partida.

Esa es la verdadera UX. Como cualquier evento memorable, una verdadera UX tiene una estructura: un comienzo, un desarrollo y un final. Y es precisamente porque usted es un tatuaje flexible y no una marca rígida, que tiene la libertad de invitar a las personas a ese viaje y tomar decisiones de valor real entre las opciones de tu categoría. ¿Deberían beber su vino? ¿O deberían probar el de otra persona? ¿Deberían frecuentar su sitio web o aplicación? ¿O deberían realizar pedidos en Amazon? ¿Cómo se sienten al tomar esa decisión? ¿Y cómo se sienten porque lo lograron?

¿QUÉ REPRESENTAS?

Vuelva a ponerse en su propio lugar por un momento y piense en su propia toma de decisiones basada en UX. Diga que es tarde y que necesita que le lleven a casa. ¿Debería descargar la aplicación Uber o deberías optar por Lyft? Ambos ofrecen fundamentalmente el mismo servicio de transporte. Ambos utilizan el mismo algoritmo para maximizar la oferta y la demanda. Realmente, además de las pequeñas diferencias de precios, la única forma en que pueden diferenciarse y trabajar para lograr la lealtad del cliente es centrándose en el UX, poniéndose en el lugar de sus clientes y abordando los problemas de estilo de vida que pueden ayudar a resolver.

Uber y Lyft tienen potencialmente los mismos clientes ocupados que viven en ciudades; no conducen, quieren que las cosas sean rápidas y fáciles y no cocinan en casa. Uber ha decidido ser una solución para la mayor cantidad posible de problemas de estilo de vida de sus clientes, enfocándose en resolver múltiples necesidades, ofreciendo no solo transporte básico, sino también entrega de alimentos, envío de carga, mensajería en bicicleta, helicópteros, bicicletas eléctricas y má. La elección que han hecho para su UX es ser una solución múltiple para varias necesidades y deseos. Han elegido convertirse en una marca, abordando el mercado como algo que dominar y esperando que el cliente se ajuste a ese espacio dominado.

Lyft, por otro lado, ha decidido que en lugar de satisfacer tantas necesidades como sea posible, se centrarán en satisfacer sólo una de una manera más amigable, vibrante y distintiva. Adoptaron el rumbo de un tatuaje y reconocieron que la oportunidad de diferenciarse de un competidor de marca técnicamente similar podría surgir si adoptan un punto de vista más valorativo. No, Lyft no puede brindarles a sus clientes un viaje o una experiencia de viaje compartido muy diferente, pero sí pueden ofrecerles una sensación significativamente diferente sobre su viaje, antes, durante y después. Y mientras Uber se ganó la reputación de ofrecer salarios bajos, violaciones de la privacidad y una cultura laboral deficiente, lo que finalmente obligó a su director ejecutivo a renunciar, Lyft se mantuvo alejada de la controversia corporativa. Gracias a ello, los clientes podían sentirse bien al apoyar una marca que no violaba sus valores.

Pensando como un tatuaje, Lyft identificó una importante necesidad de estilo de vida que tenían los pasajeros y que Uber no cubre - incluido permitirles redondear el costo de su tarifa y donar a la organización benéfica de su elección - y se aseguraron de que eso fuera lo que ofrecieran a sus pasajeros. . A raíz de la pandemia de COVID-19, cofundaron Lyft-Up Access Alliance para ayudar a las comunidades negras desatendidas a acceder a una red de recursos y servicios críticos, duplicando su identidad basada en el transporte y con mentalidad de servicio comunitario.

Entonces, le pregunto, como propietario de un negocio, comercializador o miembro de un equipo responsable de la sostenibilidad y el crecimiento, ¿Qué desea lograr y defender a través de sus servicios? ¿Quiere hacer algo con gran estilo y perspicacia? ¿O quiere que lo consideren una solución múltiple para múltiples necesidades? ¿Quiere ser una cafetería artesanal cuyas opciones de alimentos y bebidas quepan en una pizarra? ¿O desea ofrecer un menú exhaustivo de diez páginas al estilo Cheesecake Factory? La elección es suya y ambos enfoques ofrecen valor. Solo sepa que la lealtad y satisfacción de sus clientes serán el resultado de su capacidad para establecer expectativas claras y luego asegurarse de que se cumplan. Sepa qué se debe priorizar la forma en cómo se siente al utilizar su producto o servicio para lograr la conversión y la lealtad.

Como tatuaje, tu enfoque debe estar en el UX. Debe alinearse con la personalidad y la promesa de sus servicios y la necesidad que satisface. A partir de ahí, es su responsabilidad encontrar a sus usuarios donde estén, literal o figuradamente; tomar decisiones sobre los detalles de su mix de marketing; y brindarle una experiencia de hacer negocios con usted que sea placentera y también respetuosa de sus valores, necesidades y estilo de vida. Una experiencia de la que se sentirán cómodos y orgullosos, igual a como se siente tener un tatuaje.

Por supuesto, existen diferentes manifestaciones de experiencia que pueden y deben tenerse en cuenta en la creación y ejecución de su combinación de marketing. La experiencia en sí puede ser flexible. Tomemos como ejemplo un museo, donde hay muchas maneras de interactuar. Puede visitarlo desde fuera de la ciudad, ir una vez y no volver nunca más. Puede vivir en esa ciudad e ir por curiosidad, tal vez regresar ocasionalmente cuando esté de humor. Puede convertirse en miembro pagando una tarifa anual deducible de impuestos para tener la flexibilidad de venir varias veces, traer a un amigo y tal vez ver una exposición antes que los demás. O, si concuerda con su estilo de vida y sus valores, es posible que desee pagar aún más y convertirse en donante con acceso adicional, así como la recompensa de asociarse con una comunidad de patrocinadores y curadores con ideas afines. O tal vez aspire a unirse a la junta y participar en la toma de decisiones importantes sobre "el manejo del museo.

La flexibilidad trae consigo la promesa de un mayor compromiso. La conciencia de esa estructura de compromiso único, múltiple y extremo se vuelve especialmente importante, particularmente en el UX de productos y servicios que tienen más matices y están más conectados personalmente con el usuario.

ADOPTE EL ENFOQUE DEL "CABALLO DE TROYA"

Veamos, por ejemplo, los food trucks y por qué usted, como especialista en marketing, debería preocuparse por ellos. Hay casi 25.000 food trucks en los Estados Unidos que generan millones en ingresos totales.[12] En pocas palabras, son un gran ejemplo de UX. En primer lugar, en lugar

---

12 "Food Trucks in the US – Number of Businesses 2005–2026", IBIS World, actualizado en septiembre 23 de febrero de 2020, https://www.ibisworld.com/industry-statistics/number-of-businesses/food-trucks-united-estados.

de esperar a que los clientes acudan a ellos, los food trucks van hacia los clientes. "Constrúyalo y ellos vendrán" es generalmente un mal consejo para organizaciones nuevas, pequeñas o de nicho. Como propietario de un food truck, debes pensar en lo que les interesa a tus clientes y encontrarlos donde estén. Si un food truck hace excelentes hamburguesas vegetarianas, por ejemplo, debería estacionarse cerca de un mercado de agricultores para conectarse con la comunidad gastronómica preocupada por la salud. Como tatuaje, debes pensar en el marketing de la misma manera.

Los food trucks tampoco cuestan mucho para empezar si priorizas la eficiencia. Como analizaremos más adelante en secciones posteriores, se puede ahorrar mucho dinero con una estrategia de UX inteligente. Los propietarios de food trucks son bastante inteligentes. En lugar de invertir en todos los gastos generales de una tienda física, un comedor y un personal de servicio, pueden probar la versión más sencilla de su negocio antes de expandirse. A veces eso podría significar hacer la transición a la cocina tradicional, pero con frecuencia, significa replicar el modelo móvil original de food truck. Ya sea que alcance la fama con el restaurante o no, ¿por qué no probar su concepto de la manera más barata posible y descubrir cuáles serían los problemas? Primero resuelva, luego escale.

Los food trucks también pueden atender a muchos tipos de clientes. Podría viajar entre varias comunidades en un día: almuerzo para los trabajadores de oficina, refrigerios después de la escuela en el parque de patinaje y un evento benéfico con servicio de catering por la noche. El negocio puede significar diferentes cosas para diferentes clientes, pero el propietario del camión de comida puede ver varias fuentes de ingresos diferentes para su único producto. Es posible que su negocio no tenga ruedas, pero puede y debe pensar en varios tipos de clientes potenciales. En otras palabras, ¿de qué podría ser su food truck?

Además, como la experiencia de comer y beber es tan primaria y satisface necesidades tan básicas, combinarla con otras experiencias también tiene sentido. Un food truck podría, por ejemplo, verse como un caballo de Troya, una zanahoria diseñada para atraer a quienes normalmente evitarían las actividades artísticas, científicas, educativas o filantrópicas.

Instale un camión de comida cerca de una exhibición de arte o ciencia al aire libre y vea qué sucede.

Desde 2001 se han realizado algunas investigaciones interesantes en un estudio llamado Culture Track que habla de la evolución de la mentalidad de las personas hacia las experiencias culturales. Según el estudio pre pandémico de 2017, "Para el público actual, la definición de cultura se ha democratizado aún más, posiblemente hasta el punto de extinguirse. Las actividades que tradicionalmente se han considerado culturales y las que no se encuentran ahora en igualdad de condiciones, y el público se debate sobre si la etiqueta "cultura" es siquiera aplicable. Por ejemplo, más de un tercio de los asistentes a museos de arte no pensaban que los museos de arte fueran una experiencia cultural, y más de la mitad de los asistentes al teatro sentían lo mismo. De hecho, era más probable que el público considerara una feria callejera o una experiencia cultural de comida y bebida que una ópera o un ballet"[13].

Ese estudio sugiere que un número significativo de personas encontrarían tanta, si no más, satisfacción cultural al reunirse con amigos para tomar un café, tomar una copa o almorzar en un museo o cafetería en un espacio artístico que al ver una exposición. Comprender esta perspectiva brinda a las organizaciones culturales otra herramienta para su arsenal en la lucha contra la extinción. Además, la satisfacción de una buena comida y una bebida estimulante no sólo puede abrir a las personas a nuevas experiencias sino también inspirarlas a compartir esas experiencias con otros. Compartir transforma la relación simbiótica entre los intangibles del arte y los tangibles de la comida y la bebida en una experiencia rica y dinámica.

A principios de la década de 2010, mi agencia de marketing vio este efecto en acción a través de las campañas que creamos para The Phillips Collection con su equipo de marketing, dirigido por Ann Greer. Cuando imaginamos la nueva dirección de las campañas para el primer mu-

---

13 Top Takeaways from Culture Track '17", Art_Works, 13 de enero de 2018, consultado el 15 de noviembre de 2021, https://art-works.community/artworking/2018/1/13/my-top-takeaways-from-cultura-pista-17.

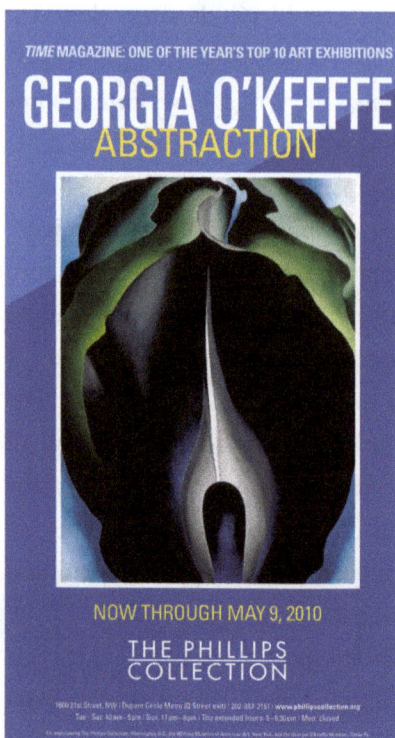

seo de arte moderno de Estados Unidos, ubicado en el dinámico vecindario de Dupont Circle en Washington, DC, utilizamos comunicaciones estratégicas para establecerlo como un lugar de reunión. Sabíamos que las fiestas de Phillips After 5 Thursday ya traían bandas de jazz y food trucks al museo. Pero para convertirlo en un destino social deseable, el museo necesitaba una presencia publicitaria que ilustrara eficazmente la oferta. Una vez más, necesitaban mensajes y elementos visuales que pudieran cambiar la comprensión sofocante, aburrida y silenciosa como una biblioteca de "museo".

El primer enfoque creativo que desarrollamos no fue una dirección de estilo de vida radical. Más bien, desarrollamos campañas publicitarias que mostraban el impresionante arte del museo, como la exposición Abstracción de Georgia O'Keefe, ya que, de hecho, ella está más cerca de ser una marca que la mayoría de los artistas. Estas piezas por sí solas pueden atraer y atraen fuertemente al público artístico, pero aún no sugerían el museo como un espacio de estilo de vida cotidiano.

En campañas posteriores, le dimos menos importancia a la prominencia del arte y aumentamos el debate sobre la experiencia excepcional de ir a Phillips. El primer paso no fue con imágenes, sino con textos. Los anuncios impresos informaron a los lectores sobre los horarios y los precios de las entradas - y la entrada gratuita por la noche - que distinguen a The Phillips Collection como espacio social. Mensajes creativos como "mucho arte, un poco de jazz, toneladas de aire acondicionado" aportaron

alegría y accesibilidad a la identidad del museo durante los meses de verano notoriamente calurosos y húmedos de DC. Y colocar estos anuncios
en publicaciones como The Onion - la publicación semanal satírica entonces popular entre los millennials - sugería que The Phillips Collection
era un espacio social para lectores jóvenes e inteligentes que tal vez no pasaban tiempo o no pensaban en pasar tiempo en museos con regularidad.

Ampliamos esta campaña con un seguimiento más visual utilizando
fotografías de personas charlando, bebiendo y riendo frente al arte, en
la cafetería y en el patio. Quienes vean los anuncios podrían imaginarse
haciendo de The Phillips Collection un destino social y anticipar una
experiencia alineada con su estilo de vida.

A lo largo de algunos años, evolucionamos significativamente el
mensaje del museo sobre por qué la gente debería preocuparse por ellos y
repensar las ofertas de The Phillips. Sí, la gente todavía tenía que venir al
museo, lo que tal vez no se encontraba en su zona de confort o no form-

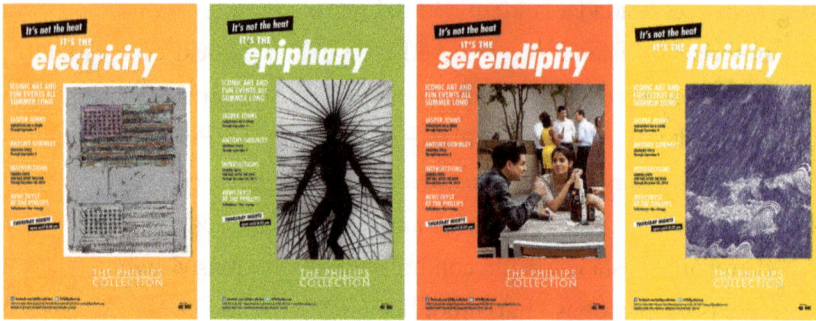

aba parte de su estilo de vida habitual, pero les permitimos involucrarnos completamente en sus propios términos. Las historias que contamos restablecieron las expectativas de los visitantes y revelaron la variedad de formas en que The Phillips Collection podría satisfacer las diversas necesidades de los usuarios. No solo les preguntamos qué querían hacer, sino también cómo querían sentirse mientras lo hacían y mucho después.

Por supuesto, la crisis de COVID-19 de 2020 puso la cultura patas arriba y del revés, tal como lo hizo con todas las demás facetas de la sociedad. Esto impulsó a Culture Track a realizar una nueva encuesta nacional en línea que arroja luz sobre las formas en que las organizaciones artísticas y culturales podrían abordar las necesidades de los ciudadanos en medio de tal disrupción. Tal vez no sea sorprendente que descubrieran que "a pesar de la amplia participación de organizaciones artísticas y culturales de todos los tamaños y disciplinas", existía una "enorme disparidad racial en la composición de la audiencia cultural", pero que cuando se miraba el lado positivo, las innovaciones y ofertas digitales podría ampliar y diversificar el acceso equitativo a la cultura.[14]

"Cuando volvamos", recomendaba el informe, mientras la gente "cruza deliberadamente el umbral de la cuarentena a la vida pública", las organizaciones artísticas y culturales deben utilizar el poder que tienen para ayudar a sus comunidades a mantenerse educadas y conectadas, aunque sólo sea virtualmente, no simplemente distraído y entretenido.

---

14   LaPlaca Cohen, Slover Linnett Audience Research, "Culture & Community in a Time of Crisis: A Special Edition of Culture Track", Culture Track, 7 de julio de 2020, consultado el 15 de noviembre de 2021, https://culturetrack.com/research /estudiocovid/.

A medida que las instituciones culturales comenzaron a considerar cumplir y expandir su misión más allá del espacio físico en el que originalmente habían construido su producto, un enfoque de tatuaje que priorizara el UX se volvió primordial. Después de todo, la experiencia cultural que ofrecen estas instituciones ya significa algo y tiene sentido. No es necesario rehacer la rueda. Sin embargo, para mantenerse al día con el estilo de vida de los usuarios en constante cambio, se requiere innovación. Quizás un motor más rápido. Quizás características de seguridad mejoradas.

Los museos que se comportaron como marcas y mantuvieron la rigidez en la distribución encontraron que su enfoque volvió en su contra en 2020. La pandemia puso de manifiesto restricciones masivas y autoimpuestas que no estaban preparados para superar. De repente, los edificios y los techos multimillonarios perdieron el poder para cumplir su misión. Pero así como los food trucks quieren que los comensales experimenten su comida dondequiera que estén, los museos quieren que el público experimente el arte, ya sea mientras toma un café con amigos en 2010 o desde la comodidad y seguridad de su hogar en 2020. Afortunadamente, la tecnología hizo el último posible para las instituciones dedicadas al tatuaje.

A mediados de 2020, creé el concepto de la aplicación de streaming LOGE con mi socio comercial Sharad Elhence, que imaginamos como el "Netflix de las artes". Para ser honesto, cuando lo presenté a organizaciones artísticas, pensé que el impulso más fuerte para esta base cultural sería el flujo de ingresos completamente nuevo y el retorno inmediato de la inversión que generaría. Pronto descubrí que las organizaciones con las que nos reunimos - a través de videollamada, por supuesto - estaban más entusiasmadas con la oportunidad de brindar acceso público a su contenido de una manera que nunca antes habían podido hacerlo. Les permitió ampliar su alcance a personas con una gama mucho más diversa de estilos de vida y necesidades. Como resultado, esa democratización y personalización de las artes, esa promesa de experiencia y sentimiento para el usuario, rápidamente se convirtió en el núcleo de nuestros propios mensajes. LOGE podría crear un Distrito de las Artes virtual que acogiera a cualquiera que estuviera interesado.

Por encima de todo, un tatuador entiende que quiénes son no es ni la mitad de importante que quién es su usuario, cómo quiere sentirse y qué problema necesita resolver.

TU TURNO

Enumere al menos tres aspectos de su UX que son únicos para usted y su producto.

1.

2.

3.

CAPÍTULO 3

PSICOLOGÍA Y LAS 4PS

ESTÁ AMPLIAMENTE ACEPTADO que las mejores innovaciones son aquellas que responden a necesidades reales de personas reales. Esta idea quedó muy bien amplificada en una obra pionera del año 1927 denominada, My Life in Advertising, de Claude C. Hopkins.[15] Hopkins fue uno de los primeros gigantes del marketing, responsable de utilizar marketing mix y de exigir que los aprendizajes, la atribución y los resultados (también conocidos como datos) definan su éxito en categorías que van desde bienes de consumo empaquetados, medicamentos, automóviles, neumáticos, pasta de dientes y todo lo demás. Como dice en el segundo capítulo de su libro: "Debemos someter a todo lo relacionado con la publicidad, así como a todo lo demás, al tribunal de la opinión pública", y tenía toda la razón.

Apple simplificó las computadoras personales y teléfonos que alguna vez fueron torpes e intimidantes, tomando en cuenta que el diseño y la experiencia de usuario son primordiales, especialmente para los primeros en adoptar la tecnología. Starbucks puso a disposición la misma rica taza de café infinitamente personalizada en cualquier parte del mundo y creó una sala de estar cómoda y democrática para cualquiera que la consumi-

---

15   Charles C. Hopkins, *My Life in Advertising* (Harper and Brothers Publishing, 1927)

era. Facebook ayudó a amigos lejanos a mantenerse en contacto en línea y creó posiblemente la plataforma de focalización más lucrativa (y quizás aterradora) jamás conocida.

Estos actores que alguna vez fueron tatuajes, ahora marcas, entienden que el UX es importante. Y no se limitan a adivinar lo que quiere el cliente. Realizan encuestas constantemente, rastrean datos, monitorean las redes sociales y organizan grupos focales. Su estrategia se basa en la empatía y un profundo conocimiento del comportamiento del cliente, así como en fuertes instintos que predicen lo que desearán los consumidores.

Lo que la gente quiere y por qué son preguntas centrales para cualquiera que intente comprender e involucrar a una audiencia y, lo más importante, a usted. Sin embargo, ¿con qué frecuencia realmente se ha detenido a pensar en la motivación humana, a analizarla y a utilizar esa psicología obvia a su favor?

En 1943, el psicólogo estadounidense Abraham Maslow presentó "Una teoría de la motivación humana", basada en lo que se convertiría en su pirámide de cinco necesidades:[16]

Fisiológico (también conocido como los elementos básicos necesarios para la supervivencia, como alimento y refugio)

Seguridad y protección

Amor y pertenencia

Autoestima, respeto o estatus.

Autorrealización (la realización propia, ya sea que eso signifique encontrar pareja, formar una familia o lograr alguna meta personal importante)

Maslow teorizó que sólo cuando una necesidad fundamental estaba completamente satisfecha podía un individuo estar verdaderamente motivado para aspirar y dominar con éxito la siguiente. En última instancia, la autotrascendencia permite a quienes se encuentran en la cima de la experiencia humana darse cuenta de necesidades más allá de las suyas y comenzar a invertir en una meta altruista o espiritual fuera de ellos mismos.

---

16   A. H. Maslow, "A theory of human motivation," Psychological Review 50 no.4, (1943): 370–396, https://doi.org/10.1037/h0054346

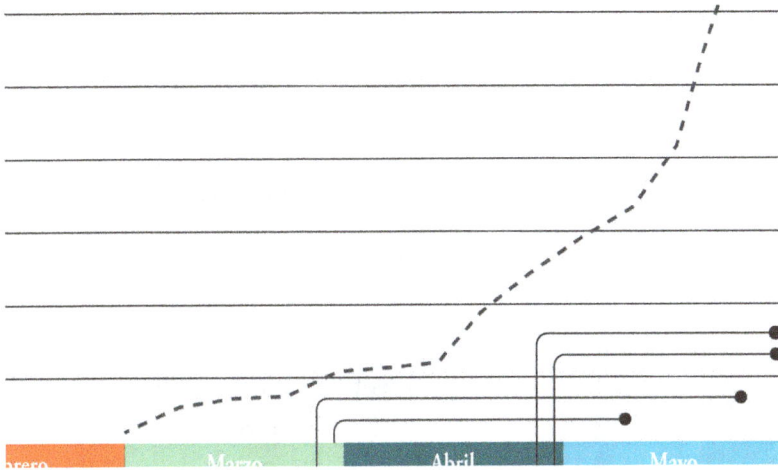

En el mundo actual - al menos en gran parte - la vida es más fácil que nunca, incluso considerando los desafíos que plantea la pandemia. Por lo general, se satisfacen necesidades fundamentales como alimentación, vivienda y seguridad. En ese punto, las personas pueden priorizar la intimidad, la comunidad y, eventualmente, el autoestima y el respeto. Una vez establecidas esas prioridades, resulta más fácil apreciar las necesidades educativas y estéticas y también la autorrealización.

Como persona actualizada y totalmente independiente, su cliente estará interesado en muchas cosas diferentes y tendrá varias salidas para expresar su identidad. Debido a que usted no es una marca, es posible que no pueda permitirse campañas globales, omnicanal, de medios pagos, es mucho mejor que cree momentos de marketing estratégicos más pequeños para ocupar el tiempo y la atención de sus clientes. Además de tener una buena educación, es probable que los consumidores ignoren los detalles de un enfoque de marca clásico que a veces parece un papel tapiz. Según un artículo del New York Times de finales de 2019, los clientes a menudo están dispuestos a pagar más y evitar los anuncios por completo.[17] Los tiempos de atención cada vez son más cortos y es más difícil captar la atención del público. Usted tiene muchas más posibilidades de atraer la atención de alguien si se dirige a un punto relevante en el estilo

---

17 Tiffany Hsu, "The Advertising Industry Has a Problem: People Hate Ads," The New York Times, 28 de octubre de 2019.

de vida de esa persona, utilizando un lenguaje adecuado y enfocado en la identidad de su él como en la suya.

CUATRO MOTIVADORES PRINCIPALES

Como profesional del marketing, he desarrollado mi propio sistema para ayudar a comprender la psicología detrás de las decisiones que toman los diferentes tipos de personas y qué las atrae hacia un producto. Los cuatro motivadores principales, como yo los llamo, se extraen de la pirámide de necesidades de Maslow, pero a diferencia de la pirámide de Maslow, el orden no es tan importante como la variedad discreta de estas motivaciones y su capacidad para ayudar a evaluar a su audiencia potencial. Considere cada factor motivador y la cantidad potencial de clientes que puede generar y que generará. Juntos los llamo a estos factores SNOW: Supuesto, necesita, obligado, y want (deseado).

S SUPUESTO

N NECESITA

O OBLIGADO

W WANT (DESEADO)

Supuesto

Para este grupo, a menudo llamado los adoptadores tempranos, existe una motivación relacionada al estilo de vida. Se supone que los diseños de moda se compran cada temporada para demostrar que están a la moda. Se supone que los propietarios de galerías deben asistir a las inauguraciones para conocer a los nuevos artistas. Se supone que bailarines, músicos, actores, escritores, cineastas, chefs y otros artistas deben asistir a los espectáculos y eventos de los demás para establecer contactos y ser parte de la comunidad creativa. Los médicos les dicen a sus pacientes que tienen que hacer ejercicio y ponerse a dieta. Los contribuyentes reciben incentivos de sus pares para donar y obtener deducciones fiscales. Se espera que los padres lleven a sus hijos a un parque de atracciones o a la playa al menos una vez durante el verano y salgan a celebrar ocasiones especiales. Todo el mundo siente deberes o presiones, por lo que ganarse la categoría Supuesto se trata de hacer que su responsabilidad sea lo más urgente y relacionable posible con su producto o servicio

Necesario

Para esta audiencia dispuesta y comprometida con entusiasmo, un producto será tan intrínsecamente interesante, exclusivo o deseable que no necesitarán ser convencidos para aceptarlo. Este puede ser un concierto de la banda más famosa para chicas adolescentes, la tan esperada apertura de un restaurante para amantes de la gastronomía, el último iPhone para expertos en tecnología o asientos en la cancha de playoffs para fanáticos acérrimos del baloncesto. Lo bueno de este tipo de deseo es que no tiene un precio fijo; es decir, no hay un costo establecido para esa necesidad imperiosa de adquirirlo. Sin embargo, satisfacer estas demandas se vuelve más difícil en una pandemia. Después de todo, aunque el distanciamiento social haya neutralizado en cierta medida la emoción de experimentar algo deseable en grupo, nos invita a reinventar las experiencias colectivas para poder disfrutarlas de una manera segura pero conectada.

Obligado

Estos consumidores generalmente están motivados por una obligación en el aula o un trabajo que les exige hacer o comprar algo, o quizás "se lo deben" a su mejor amigo. Este tipo de persona no debería ser un problema para comercializar o vender. No es que debamos dar por sentado a ningún cliente, pero los clientes que ya están obligados por algún motivo a utilizar su producto o servicio no deberían requerir una gran inversión de sus recursos o tiempo. Podrían ser el mejor amigo del fundador, la madre del artista, el equipo patrocinado de liga infantil o un viaje de estudios a un museo. Considérelos ya como parte de su estrategia y casi seguros de apoyarlo, ya que tienen un interés emocional o financiero en su producto o servicio. Estas personas no necesitarán ser "convencidas" sino más bien informadas.

Deseado

Estos clientes, a menudo llamados innovadores o pioneros, son curiosos y regularmente prueban nuevos productos, servicios y participan en eventos relacionados con la categoría de productos. Desear y probar ciertas cosas es fundamental para su cultura y estilo de vida. Ya disfrutan participando en actividades que les interesan, ya sea en persona, de forma virtual, o una combinación de ambas. Tienen la costumbre de tomar café por la mañana. Siempre están listos para tomar algo con amigos. Para integrarlos y hacer que quieran específicamente lo que usted tiene para ofrecer, probablemente se necesitarán algunos incentivos y ganchos narrativos cuidadosamente elaborados.

Con suerte, al considerar estas cuatro categorías de cliente, verá que ciertos elementos del marketing pueden ser y serán más o menos importantes para cada uno. Ya hemos hablado de la preparación de la categoría de los Obligados para entrar en su órbita. Los clientes que "Quieren" el producto son más propensos a responder a los descuentos, mientras que aquellos que "Necesitan" el producto podrían estar dispuestos a pagar el precio completo o incluso más, sin tener problemas para hacerlo.

Entender las motivaciones psicológicas y el porqué detrás de las acciones de las personas le brinda la oportunidad de comprenderlas en su contexto, incluyendo su estilo de vida y valores. Combine eso con un entendimiento firme pero ágil de las 4Ps de las que hablamos en el primer capítulo y podrá encontrar un mercado cuantificable para cualquier cosa en sólo cuatro pasos.

CUATRO PASOS HACIA UN MERCADO CUANTIFICABLE

Una vez que comprenda las 4Ps de su combinación marketing mix y cómo los cuatro motivadores principales atraen a los clientes hacia su producto, deberá analizar datos concretos y estadísticas. Esas herramientas le ayudarán a medir su mercado y a tener una buena idea de cuántos clientes potenciales tiene realmente.

Paso 1: Haga un inventario de los motivos potenciales de su mercado

Digamos, por ejemplo, que tiene una sala de cine que proyecta películas de arte y ensayo. Eso es fantástico. Muy genial. Pero, a diferencia del cine comercial, usted ha elegido crear un producto con una demanda presente pero limitada. Entonces, ¿en quién debería pensar cuando haga marketing? ¿Y cuál es la mejor manera de llegar a una base de clientes más amplia? Empiece por pensar en los motivos de cada categoría de cliente y vea adónde le lleva responder a esas necesidades.

El siguiente diagrama de Venn ilustra este tipo de enfoque. En un círculo, tiene a los Obligados. En este caso, son en su mayoría estudiantes de cine de las universidades locales a quienes se les puede pedir que vean películas clásicas, artísticas o extranjeras para una clase de cine en el entorno cinematográfico previsto de "pantalla grande".

Luego están los Supuestos. No tienen la obligación de ver una

película artística, pero toda la escena del cine artístico es parte de su estilo de vida casi intelectual y moderno. Es sobre lo que leen, es sobre lo que publican, es sobre lo que hablan con sus amigos.

Los Quieren, en este caso, podrían ser cualquier grupo demográfico de la comunidad que ya dedica tiempo de sus vidas para salir y participar en actividades culturales o de ocio: parejas que buscan destinos para citas; jubilados que buscan formas nuevas o nostálgicas de pasar el tiempo; familias que buscan diversión en los días lluviosos; personas que simplemente prefieren salir a ver películas en vez de quedarse en casa y ver televisión.

Y finalmente, tenemos a los Necesitan - los cinéfilos que han estado esperando que se abra una nueva casa artística y no pueden pensar en ningún otro lugar al que preferirían ir.

Como puede ver, la belleza de un diagrama de Venn reside no sólo en la forma en que organiza a sus usuarios potenciales en categorías explícitas, sino también en la forma en que resalta las superposiciones. Lo más probable es que algunas parejas (Necesitan) también sean hipsters (Supuestos). Y no es exagerado imaginar que algunos de los Quieren (jubilados) o Supuestos (creadores de tendencias culturales) también son cinéfilos (potenciales Necesitan) que solo necesitan ese pequeño empujón extra.

Paso 2: Haga un inventario de su mercado potencial

Gracias al Paso 1, ha identificado categorías de clientes potenciales, pero ¿qué significa eso en términos del mercado real y cómo puede ayudar a que este conocimiento informe sus 4Ps? En este punto, es hora de cuantificar su demanda potencial real analizando cada una de los cuatro motivos a través de las fuentes de datos disponibles.

Digamos, por ejemplo, que su sala de cine está en Ithaca, Nueva York, donde crecí, una ciudad universitaria con una población de 30.000 habitantes (más 27.000 estudiantes entre sus dos universidades). A partir de ahí, cada categoría de motivación de SNOW requiere su propia investigación personalizada para pronosticar su mercado potencial para cada película o serie que planea proyectar.

Supuestos: Los registros del censo le dirían que los probables creadores de tendencias, hombres y mujeres de entre veinticinco y cuarenta y cuatro años, constituyen el 20 por ciento de la población, o 6.000 de esos 30.000 residentes permanentes. Conéctese con el 10 por ciento de ellos, y eso significa seiscientas ventas de entradas para cualquier espectáculo.

Necesitan: Quién necesita sus servicios depende completamente de la película que está ofreciendo y a quién se la ofreciendo. Los Necesitan suelen ser personas cuyo deseo de abrazar ciertas experiencias es casi una necesidad primordial, como los fanáticos de Star Wars que harían cualquier cosa para conseguir entradas para el último lanzamiento de esa saga interminable. Considere cómo puede empujar a los potenciales Supuestos y los Quieren hacia la posición de Necesitan.

Obligados: Imaginemos que una revisión de los catálogos de cursos de cada una de las dos universidades de la ciudad le dice que cada universidad ofrece cuatro clases de cine diferentes con aproximadamente veinticinco estudiantes en cada una. Estos catálogos también nombran a los profesores y proporcionan enlaces a los programas de estudios de los cursos. Por cada película que planee proyectar y que también sea un requisito en general de los estudiantes verlas, significa la venta de doscientos boletos, siempre y cuando estén informados y sus horarios se alineen con los suyos. Más sobre esto cuando cubriremos el elemento Punto de venta en el Paso 3.

Quieren: ¿Cuántas personas en Ithaca suelen ir al cine al menos una vez al mes? Si imaginamos que es el promedio nacional, sería alrededor del 15 por ciento, o 4.500 en Ithaca. Desglose aún más a esos clientes potenciales por edad, ingresos y tamaño del hogar, y podría intentar convertir al menos el 5 por ciento de ellos para que elijan su experiencia en lugar de la del múltiplex. Ya quieren; sólo necesitas hacer que quieran lo que usted tiene en lugar de lo que están acostumbrados.

Profundice, estudie el mercado, evalúe cada categoría y luego haga los cálculos. Encontrará la base de clientes real y razonable que puede esperar que atraiga su marketing.

Aquí quiero destacar que el hecho de que un cine comercial también

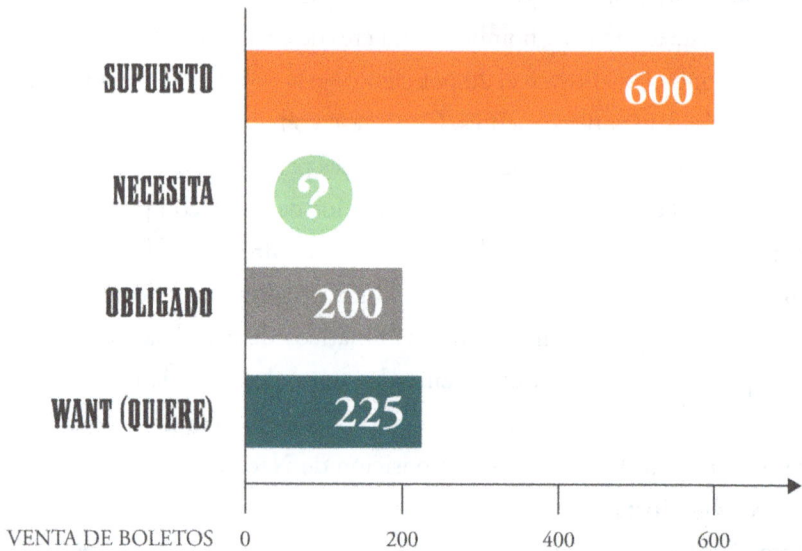

SUPUESTO	600
NECESITA	?
OBLIGADO	200
WANT (QUIERE)	225

VENTA DE BOLETOS   0   200   400   600

proyecte películas, o que Starbucks venda café, o que el Museo Metropolitano exhiba arte, no los convierte automáticamente en sus competidores directos. De hecho, cuanto más se identifique como un tatuaje, más podrás ver esas marcas/instituciones como puntos de referencia valiosos para la demanda potencial.

Paso 3: Integre las 4Ps

Una vez que comprenda completamente el nivel de demanda que puede crear, es hora de adoptar su identidad de tatuaje y decidir cómo maximizar su retorno de la inversión (ROI) a través de la superposición de la combinación marketing mix de las 4Ps.

Producto. Generalmente, en marketing, aquí es donde se empieza. En el ejemplo del cine, el producto básico es la experiencia de ver una película en una pantalla grande. Pero, ¿qué otras características ofrece su producto? La experiencia puede incluir asientos lujosos, comida gourmet, bebidas artesanales, eventos y conferencias selectos, una variedad de horarios de espectáculos, cualquier cosa que ofrezca la experiencia de ir a ver una película.

Punto de venta. En este caso, sus métodos de distribución son fijos; es una sala de cine en el centro de Ithaca, Nueva York. Habrá que aceptar el lugar. Es un factor que no se puede cambiar, aunque el día o la hora de las funciones ciertamente se pueden ajustar. Siempre es esencial dar forma a la presentación de su programa en función del estilo de vida y los horarios de la segmentación de su audiencia. A veces me desconcierta ver tiendas o museos que están abiertos de 10:00 a 17:00 horas entre semana y todavía se preguntan por qué no tienen una fuerte penetración en la "audiencia más joven". Bueno, ¿adivinan dónde están entonces la mayoría de los millennials? En el trabajo.

Precio. ¿Cuánta flexibilidad de precios tiene para alcanzar los objetivos de retorno de la inversión que ha establecido? Sabiendo que el cine comercial (la "marca" de facto, por así decirlo) ya ha fijado el estándar para una cierta expectativa de precio/experiencia, necesitará fijar un precio que haga que la gente responda a su producto específico. Según ese producto y los motivos del mercado, ¿ese precio es mayor, igual o menor? Generalmente, los consumidores están dispuestos a pagar más por una experiencia de mayor calidad, así que si puede ofrecer una, asegúrese de no dejar dinero sobre la mesa.

Promoción. Por último, pero no menos importante, esto puede significar de todo, desde comunicarse con profesores sin costo hasta obtener medios ganados (conseguir que: periodistas, personas influyentes en las redes sociales y blogueros escriban, hablen o publiquen sobre usted), desembolsos en medios pagados (publicidad) y recursos mediáticos propios (su sitio web/presencia en línea). ¿Cómo se puede utilizar la promoción para crear una oportunidad de necesidad? Por ejemplo, ¿podría un paquete de películas, la membresía de un club o una noche familiar empujar a algunos Quieren o Supuestos a la categoría de motivación Necesitan?

La forma de gestionar el marketing mix también depende de los objetivos de su negocio. ¿Cómo le parece el éxito? ¿Tiene usted una organización sin fines de lucro basada en una misión? ¿O tiene usted un teatro de arte y ensayo basado en ingresos? Supongamos que su objetivo es ganar un promedio de $10,000 en ingresos por taquilla/puesto de comida cada mes (alrededor de $333 por día) para cubrir sus gastos generales y establecer un margen de ganancia suficiente. Luego, debe decidir cuánto va a invertir para atraer suficientes clientes para lograr ese objetivo en función de la capacidad y el precio que desea establecer.

Informar a los profesores que está proyectando las películas asignadas apenas requeriría tiempo y casi recursos económicos nulos. La recompensa sería estupenda; se podría anticipar la venta de entradas a todos sus estudiantes. Sin embargo, la lealtad del cliente y las lucrativas ventas en concesión estarían menos aseguradas. Los costos de marketing y los retornos proyectados aumentan a partir de ahí. Naturalmente, llegar a las personas en las categorías Supuesto, Quiere y Necesita exige más recursos de marketing, pero los retornos pueden ser significativos y valen la pena, particularmente cuando el marketing mix logra trasladar las categorías de motivación a la categoría Quieren.

El entretenimiento de Broadway, los promotores de conciertos y los equipos deportivos son excelentes ejemplos de marketing de necesidad. Después de décadas de permitir que los revendedores de entradas aprovecharán plenamente la ventaja económica de espectáculos tremendamente populares, los productores se dieron cuenta de que tenían oportunidades de satisfacer las necesidades incluso antes de que se vendieran las entradas. La mayoría de los espectáculos de Broadway comenzaron a incluir asientos premium entre sus opciones de entradas a $100 o más por encima del precio normal de los asientos de la orquesta. Naturalmente, los asientos regulares se vendieron primero, pero el 100 por ciento de cualquier recargo por los asientos premium fue para los productores en lugar del mercado secundario, incluso si no se vendieron hasta unos pocos días antes de la fecha del espectáculo.

El mercado de las bellas artes también aprovecha las necesidades de los clientes. Si bien no es un producto urgente como un boleto, el precio de una obra de arte, desde un Banksy hasta un Picasso, refleja percepciones muy personales de valor. Un grupo muy pequeño de clientes establece el valor percibido del activo. En este caso, los Necesitan son el mercado objetivo y prácticamente no se presta atención al resto.

El mercado de cruceros es mucho más amplio, por lo que su marketing mix evolucionó para volverse también más dinámico. El producto de un crucero no es sólo su barco de dos mil cabinas con casinos, espectáculos, buffets, bares y piscinas; también es el lugar hacia el que navegará. Un crucero por el Mediterráneo es diferente de un crucero por Alaska, que a su vez es diferente de un crucero por México, y así sucesivamente.

Examinemos ese barco de dos mil cabinas con un análisis de SNOW. Digamos que se dirige a Alaska. Primero, estudiaríamos las tendencias de cruceros anteriores para esa región para determinar la demanda de ese producto más específico. A partir de ahí, preguntaríamos qué clientes de cada categoría de motivación podemos esperar atraer.

Se podría considerar a todo tipo de personas: familias, recién casados, jubilados. Les siguen los Necesitan que, en este caso, podrían ser personas que hacen listas de deseos, buscadores de viajes inaugurales y tal vez incluso algunos clientes habituales de cabinas de lujo de alta gama. Esos patrocinadores de alto nivel pueden ser relativamente pequeños en número, pero son esenciales y, afortunadamente, no tan difíciles de alcanzar. Después de todo, conseguir que una persona reserve una excursión de 40.000 dólares equivale a diez cruceros de 4.000 dólares. Los Obligados para un crucero por Alaska pueden consistir en miembros del club de tiempo compartido, que es de esperar que su línea de cruceros tenga.

Luego vienen Quieren, a quienes inevitablemente pertenece la mayor parte del mercado de cruceros. Los Quieren incluyen a todos, desde aquellos que simplemente quieren irse de vacaciones hasta aquellos que quieren hacer un crucero al menos una vez en la vida. Sin embargo, debido a que las opciones de cruceros son voluminosas, tendrá que dividir esa Quieren categoría en Quieren de experiencia en Alaska. Luego, tendrá que expresar la satisfacción que pueden esperar de su experiencia a través de las redes sociales, la prensa y otros medios tradicionales adecuados.

Paso 4: Manipule su marketing mix

Si alguna vez ha viajado en un crucero, sabrá que la industria no se limita a la venta de boletos. Más bien, aprovechan esa venta. En el momento en que el cliente compra un billete, comienza una especie de subasta. Se invita a los clientes a mejorar - y pagar más - por una habitación más selecta y no vendida. Este enfoque cambia el valor anticipado del deseo a la necesidad. Como cualquier subasta, el precio y la competencia crean la percepción de deseo y valor que de otro modo no existiría.

Por supuesto, la industria de los cruceros se vio muy afectada por la pandemia y, al momento de escribir este artículo, está claro que reiniciar las operaciones requerirá repensar los cruceros en sí. Se esperaba que la industria transportará treinta y dos millones de pasajeros en todo el mundo y ganará 71 mil millones de dólares en 2020, pero ahora se espera que esta cifra sea la mitad de esa cantidad. Según un artículo del Financial Times de 2020, algunas líneas de cruceros más pequeñas probablemente cerrarán.[18] Los clientes más leales de la industria no solo son las personas mayores, que constituyen el grupo demográfico clave en riesgo de contraer el coronavirus, sino que muchos aspectos integrales de los cruceros (grandes reuniones, espacios reducidos, empleados que viven en espacios reducidos) también aumentan el riesgo de propagación del virus. Claramente, priorizar el UX en términos de salud y seguridad cambiará radicalmente la experiencia de navegar. Implementar medidas de seguridad y abordar los factores motivadores son esenciales para la recuperación.

Otro ejemplo de manipulación dinámica del marketing mix a gran escala en acción se encuentra en la industria del automóvil, donde, en teoría, hay algo para todos. Por supuesto, no es necesario tener un automóvil, dependiendo de dónde viva, las distancias que deba recorrer y las opciones de transporte disponibles. Pero es fácil desglosar los motivos de quienes buscan un automóvil. Los Supuestos incluyen familias y adultos jóvenes que están ansiosos por demostrar que "lo lograron". Es necesario aspirar a determinados modelos de utilidad o para hacer una declaración medioambiental. Los Obligados requieren un automóvil o camión para el trabajo o los negocios y los Quieren sueñan con conducir

---

18 Alice Hancock, "Coronavirus: is this the end of the line for cruise ships?" Financial Times, Junio 7 de 2020 https://www.ft.com/content/d8ff5129-6817-4a19-af02-1316f8defe52

todo terreno o viajar por carretera o simplemente experimentar un viaje más lujoso. Los fabricantes de automóviles responden adaptando su marketing para maximizar la conversión de cada uno.

EL MODELO AIDA

El modelo de embudo de demanda o compra, a veces abreviado como AIDA para Atención, Interés, Deseo y Acción, fue desarrollado hace más de 120 años por un ejecutivo de publicidad estadounidense con un nom-

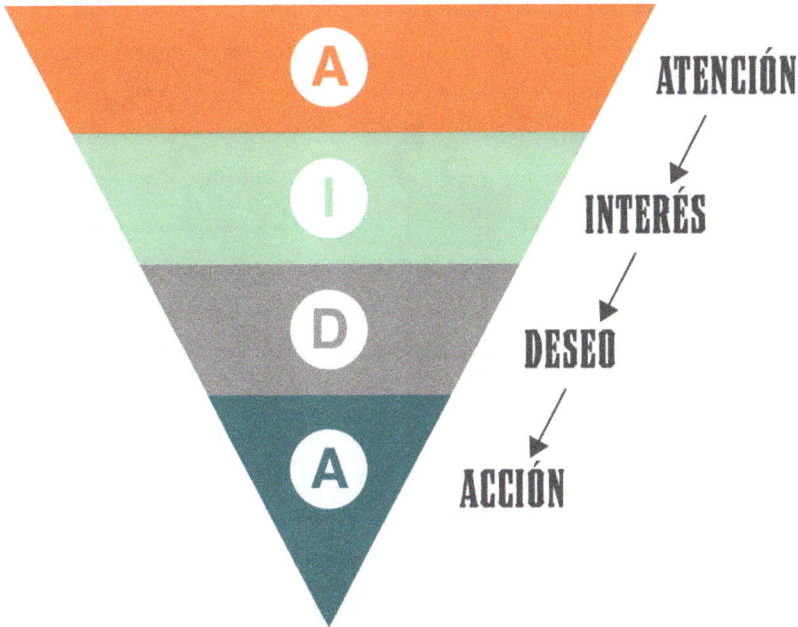

bre realmente excelente, St. Elmo Lewis. Su modelo es una forma útil de visualizar o mapear todo el proceso de conversión de clientes.[19] Los especialistas en marketing lo han modificado a lo largo de los años, pero los principios fundamentales se han resistido obstinadamente al cambio.

Atención. El cliente toma conocimiento de la existencia de un producto o servicio.

---

19 "St. Elmo Lewis on Modern Publicity Methods," Democrat and Chronicle, January 7, 1910, p.16.

Interés. El cliente expresa activamente su interés por un producto o servicio y lo considera como una opción para sus necesidades.

Deseo. El cliente aspira a una marca o producto en particular, imaginando los beneficios de tenerlo o experimentarlo.

Acción. El cliente da el siguiente paso hacia la compra del producto elegido y, como tal, se "convierte".

Nunca olvide (aunque le sorprendería saber cuántos especialistas en marketing lo hacen) que la concientización es la primera etapa, o que la concientización significativa rara vez resulta de un solo toque de marketing. Sólo piense en cuántos productos o servicios nuevos han pasado por su camino hoy. ¿Cuántos se le quedaron grabados? Generar retención proviene de mensajes múltiples y convincentes en los lugares correctos y en los momentos correctos.

Todo es psicología: mostrarle al cliente lo que necesita después de haber decidido lo que quiere. Si bien este tipo de manipulación de la motivación a menudo puede tener connotaciones negativas asociadas con operaciones como casinos o tiempos compartidos de vacaciones, motivar a las personas a necesitar hacer algo puede usarse para el bien: mejorar la salud, por ejemplo, o donar a una causa digna. Aquí también es donde entran los beneficios de identificarse como un tatuaje basado en UX.

La superposición de las tres ideas centrales exploradas en este capítulo - los cuatro motivadores principales, los cuatro pasos hacia un mercado cuantificable y el modelo AIDA - han tenido un enorme impacto positivo en mi trabajo, incluida la penetración en un espacio que antes no parecía posible. Por ejemplo, recurramos a mi experiencia con una de las principales compañías de repertorio de música de cámara del país. Comenzamos a trabajar con ellos en 2010, haciendo crecer y apoyando su oferta principal de conciertos y creando eventos que conectaban oportunidades sociales con la música. Antes de trabajar juntos, las campañas publicitarias de la empresa consistían en un enfoque muy tradicional, muy orientado al producto, de anuncios de conciertos a través de periódicos nacionales y radios públicas, centrándose en los nombres de los compositores, el repertorio y las fechas de actuación. Pero empezamos a preguntar; ¿Cómo se logra que una forma de arte del siglo XVII resuene en un público más amplio y contemporáneo? ¿Cómo podríamos alterar elegantemente la narrativa de la música clásica sin alienar a audiencias ya convertidas y al mismo tiempo atraer la atención de otros? ¿Cómo podríamos inspirar motivación en otro sector de la población que podría tener un interés fugaz en la música y la cultura pero que aún no había pensado en probar la música de cámara específicamente?

En otras palabras, ¿cómo podríamos ampliar la red de Quieren y Supuestos? Juntos, reinventamos el UX. Determinamos que el mensaje central debería girar en torno a la idea simple pero novedosa de que un mundo desconocido y extraño aún puede ser accesible, emocionante y comprensible.

El trabajo tuvo éxito porque el mensaje era auténtico y acogedor para nuevas audiencias sin reducir el valor de la forma de arte. Las fotografías utilizadas en las campañas en serie que evolucionaron a lo largo de cinco temporadas demuestran las conexiones notables e incomparables que ocurren entre los músicos más talentosos y consumados del mundo. Estos momentos están salpicados de propuestas de ventas únicas, líneas como: "Música de cámara. No es lo que piensas;" "Cerca de la música. Lejos de lo común;" y "Siente la música. Escucha la emoción". Cada propuesta estaba impregnada de los tres pilares de la música de cámara: intimidad, diálogo y virtuosismo. Estas cualidades la distinguen de otras formas de música clásica. En muchos sentidos, también hacen que parezcan experiencias contemporáneas ya apreciadas por el público objetivo, como cenas elegantes, jazz, lecturas de libros y poesía, yoga y similares.

También revolucionamos la combinación de medios publicitarios al rodear estratégicamente a los residentes locales con publicidad exterior. Se compró en momentos que garantizarían el avance gratuito de la campaña para obtener un valor agregado masivo, lo que resultaría en una presencia poderosa y cientos de millones de impresiones. Esto se vio reforzado por una combinación diversa de medios para ayudar a apuntar, alinear y recordar a los consumidores por qué la música les importa, incluido un fuerte componente en línea con elementos multimedia enriquecidos que generaron miles de clientes potenciales. Los anuncios en los periódicos siguieron siendo una parte fundamental del plan, pero el contrato se renegoció agresivamente en beneficio del cliente.

Como resultado, al momento de escribir este artículo, los ingresos por boletos sencillos aumentaron un 41 por ciento, los ingresos por suscripción en 30 por ciento y hubo un crecimiento general de la audiencia del 33 por ciento. No muchas organizaciones de artes escénicas pueden presumir de este nivel de éxito, principalmente porque aún no han adoptado el enfoque del tatuaje en el marketing.

Alentamos a la empresa a motivar a su audiencia adoptando su personalidad del tatuaje y manteniéndola presente. La ciudad donde estaban radicados ya contaba con música clásica de talla mundial. Sin embargo, muchos ciudadanos no se dieron cuenta de que existía otra opción de música clásica más íntima, más exclusiva y potencialmente más memorable.

Por supuesto, la misma idea se aplica si su producto es más bien un producto básico, digamos una cerveza negra de coco regional elaborada artesanalmente. Ese es tu producto. No está cambiando. No estás compitiendo contra Bud Light. Así que piense como un tatuaje y acepte las limitaciones estratégicamente para construir el resto de su estrategia de marketing mix en torno a esa identidad.

A mi modo de ver tienes tres opciones:

Opción 1: Usted sabe que la demanda de cervezas oscuras aromatizadas es, el 2 por ciento del mercado de consumo de cerveza artesanal. Con la lente del precio como filtro, siguiendo la demanda dada y conocida en el mercado en el que desea ingresar, sabe que debe planear preparar X galones, establecer un precio basado en los márgenes para el éxito de su plan de negocios y esperar los ingresos que se limitan a eso.

Opción 2: Usted sabe cuál es la demanda actual de cerveza con sabor, pero también sabe que su cerveza negra de coco es tan buena que no hay razón en el mundo para limitarla a un pequeño porcentaje de participación en el mercado. Entonces, en lugar de comenzar con el precio, observará su plan de marketing a través del lente de la promoción y sus opciones variables. Si puede crear más demanda a través de medios ganados, propios y pagos (digamos 1,5X galones en lugar de X), no sólo está creando un mercado diferente sino un tipo diferente de tatuaje. Está creando un mercado en el que puede elaborar más productos "muy buenos" que también tendrán más demanda.

Opción 3: Empieza a pensar que, aunque le gusta su región y confía en que aceptará su cerveza, la ubicación no tiene por qué limitar el mercado de su cerveza negra de coco. Entonces decide centrase en la variable de marketing de las 4Ps: Punto de venta, o distribución, e invertir en distribución en toda su región o en otras ciudades tan interesantes como la suya.

Estas opciones quizás parezcan obvias, pero es increíblemente fácil quedar tan atrapado en lo que está trabajando que olvida cuánto control tiene realmente sobre las variables de marketing. Lo sé porque lo veo todo el tiempo. Los empresarios terminan equivocando sus precios o colocando mal sus productos; perciben las limitaciones como líneas que no se pueden cruzar en lugar de aceptarlas y abordarlas desde un ángulo diferente.

Sabemos por qué necesitamos tatuar y no marcar, y ahora también tenemos algunas estrategias de marketing en las que pensar. En el próximo capítulo, reuniremos estas ideas y exploraremos qué tipo de tatuaje es más como USTED.

TU TURNO

1. Primero, califique y/o cuantifique su objetivo. ¿Cómo será el éxito con respecto a su producto?

2. A continuación, haga una lluvia de ideas sobre los perfiles demográficos de sus clientes potenciales para cada una de las categorías de SNOW..

   Supuesto:
   Necesario:
   Obligado:
   Deseado:

3. Por último, piense en formas de ajustar las 4Ps para atraer las motivaciones y los estilos de vida de sus clientes potenciales.

   Producto:
   Punto de venta:
   Precio:
   Promoción:

CAPÍTULO 4

IDENTIFICAR SU TIPO DE TATUAJE

ES ESENCIAL COMPRENDER a su cliente, pero es igualmente importante asegurarse de que su cliente también lo comprenda a usted. El marketing no es una vía de sentido único, especialmente en el caso de los tatuajes. El marketing mix ideal beneficia tanto a los compradores como a los usuarios. Así como no existe una única forma de utilizar las 4Ps ni una única forma de motivar a un cliente, no existe una única forma de identificarse como un tatuaje.

Este capítulo se centrará en las estrategias que he utilizado para ayudar a una variedad de empresas y organizaciones a combinar la idea del tatuaje con los conceptos de marketing que hemos cubierto hasta ahora: las 4Ps y los cuatro motivadores principales. Todo comienza reconociendo qué tipo de tatuaje quieres hacerte.

Los tatuajes, como hemos comentado, son múltiples. Quizás tenga un tatuaje real o varios. Quizás no se los haya hecho. Sin embargo, lo más probable es que conozca al menos a algunas personas que tengan uno. Sus tatuajes son probablemente tan diferentes como ellos, y cada uno refleja personalidades, valores y estilos de vida distintos. Al mismo tiempo, sus tatuajes individuales probablemente también se clasifican en una de tres categorías: clásico, personalizado y contemporáneo.

Tatuajes Clásicos

Estos son los tatuajes comunes que probablemente haya visto antes: Betty Boop, un tigre que se abalanza, un dragón, una rosa, una mariposa, un patrón tribal o tal vez "el nombre de su madre en un corazon. Para algunas personas, estos diseños pueden resultar irónicos, para otras, icónicos y sinceros. En cualquier caso, este tipo de tatuaje es sencillo y fácil de reconocer, aunque poco original.

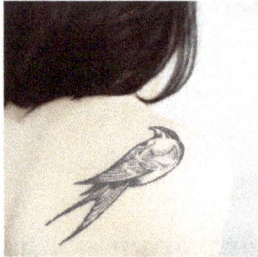

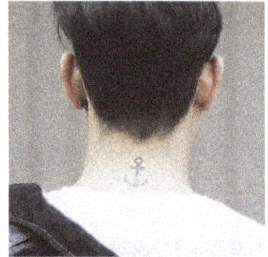

CLÁSICO

Tatuajes Personalizados

Un diseño de tatuaje personalizado puede incorporar imágenes clásicas, pero también son únicos. Podrían presentar un retrato de un ser querido o de una celebridad favorita, o tal vez un esqueleto plantando una bandera en la luna. Pueden contener caracteres chinos o árabes, o líneas de su libro o canción favorita. Ya sean grandes o pequeños, obvios u ocultos, estos diseños están creados para alguien que siente que un tatuaje clásico no es lo suficientemente personal.

PERSONALIZADO

Tatuajes Contemporáneos

Los tatuajes contemporáneos son todo menos familiares y con frecuencia le hacen mirar dos veces. Son creados por artistas que quieren llevar el medio del tatuaje lo más lejos posible y que ven el cuerpo como un lienzo donde prácticamente todo es posible. Muchos diseños toman prestado de otras formas de arte clásicas, desde paisajes japoneses hasta arte pop y surrealismo. Y, a menudo, la característica más "tatuada" de ellos es simplemente el lugar donde se encuentran: en el tobillo, la muñeca o alguna otra parte del cuerpo.

Todo el que entra en una tienda de tatuajes tiene que tomar una decisión principal: ¿quiere un diseño que sea clásico? ¿Personalizado? ¿O contemporáneo? ¿Qué estilo refleja y se adapta mejor a su estilo de vida o a su estado de ánimo? ¿Qué tipo de tatuaje le resulta más cómodo? Cada decisión de diseño posterior se implementará a partir de ahí.

Su estrategia de marketing es muy parecida e inevitablemente depende del tipo de tatuaje que quiera hacerse.

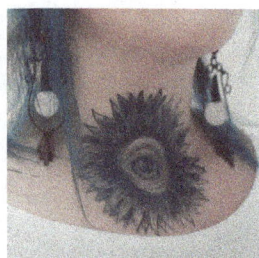

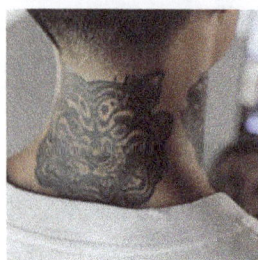

CONTEMPORÁNEO

LA ESTRATEGIA DEL TATUAJE CLÁSICO: IMPULSADA INDIVIDUALMENTE

¿Quiere adoptar una estrategia única en torno a una de las 4Ps (producto, precio, punto de venta o promoción) y cumplir una promesa que generalmente es unidimensional? Un Tatuaje Clásico es su estrategia.

Piense en la pizzería de un dólar por porción. El lugar, la promoción e incluso el producto son secundarios frente a la simple promesa de precio que han mantenido sin falta. Pero los Tatuajes Clásicos también pueden ser de alta gama. Supongamos que quiere ser una joyería especializada en un producto incomparable: alianzas de boda distintivas. Siempre que los clientes crean que usted es uno de los pocos proveedores de ese producto, puede darse el lujo de preocuparse menos por la Promoción, la Punto de venta e incluso el Precio.

Considere el Tatuaje Clásico básico basado en productos que podría aplicarse a su sala de cine local. El Precio, la Punto de venta y la Promoción son generalmente fijos, uniformes y predecibles, al igual que el UX. Los clientes llegan con anticipación, compran palomitas de maíz, dulces y refrescos y buscan un asiento. Luego ven avances y (con suerte) disfrutan de la película junto con cualquier otra persona interesada en ese Producto en particular: la película principal que se proyecta en ese momento.

Otro ejemplo es la Biblioteca Pública de Nueva York (NYPL) y su sistema de 92 sucursales, un presupuesto de más de 300 millones de dólares y 53 millones de artículos, todos ellos totalmente gratuitos. Se acercaron a nosotros para reevaluar su estrategia para aumentar la utilización de sus servicios. Nos dimos cuenta de que el precio era el diferenciador más importante de la NYPL, a pesar de que el Producto era diverso y dinámico. Con el principio del Tatuaje Clásico guiándonos, desarrollamos una campaña en toda la ciudad llamada "Check it out!" Esta campaña articuló los muchos beneficios sencillos y económicos de visitar una sucursal. Apeló directamente al motivador Obligado a que poseen tantos neoyorquinos con problemas de liquidez. Nos centramos en "Check it out!" en opciones familiares gratuitas como Wi-Fi, libros electrónicos y alquiler de DVD, junto con otras más sorprendentes opciones como desarrollo de currículum, clases de inglés como segundo idioma (ESL) y software de edición de video. La campaña resultó extremadamente eficaz para impulsar el tráfico en toda la ciudad. Se difundió de boca en boca y compartiéndose en las redes sociales.

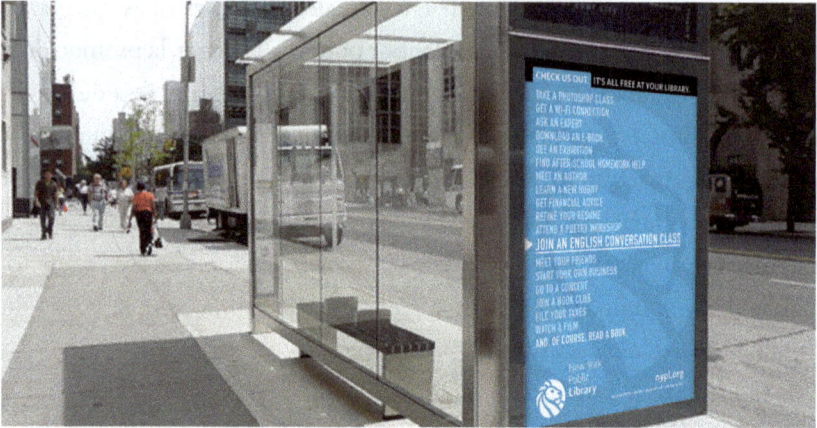

Casi al mismo tiempo, también reestructuramos Live de NYPL, una prestigiosa serie de actuaciones, lecturas y entrevistas que no estaba a la altura de las expectativas internas de asistencia, ingresos o popularidad en la escena cultural. Cuando examinamos el enfoque anterior, observamos que los precios de los billetes no se fijaban dinámicamente; más bien, eran los mismos para todos los eventos, independientemente de la demanda. Creíamos que el público más cautivo de esta serie serían los neoyorquinos motivados por el Quere ser parte de eventos literarios y culturales tan extraordinarios, y las personas que potencialmente Necesitan ver a ciertos autores o intelectuales. Así que abogamos por un nuevo modelo de precios escalonados y descuentos estratégicos: aumentar los precios para los artistas más renombrados y bajar los precios para los artistas menos conocidos o menos populares. Esto dio como resultado aumentos astronómicos en los ingresos obtenidos, y el programa obtuvo una pequeña ganancia por primera vez.

Para respaldar esta estrategia, desarrollamos una campaña publicitaria y un enfoque de adquisición de clientes que generó revuelo y generó conciencia constante mediante el uso de contenido dirigido demográficamente, redes sociales y correo directo. Esto nos permitió promover mejor la oferta de programas para las audiencias adecuadas a través de múltiples canales. Los cambios fueron extraordinarios. El tráfico al sitio aumentó casi un 500 por ciento, las donaciones habituales se duplicaron,

las nuevas donaciones se tri-
plicaron y la venta de entradas
aumentó un 75 por ciento.

En lugar de intentar re-
inventar la institución cen-
tenaria, repensamos ambas
campañas con un enfoque "de
vuelta a los básico" que aún
respetaba la complejidad de
la sociedad actual. En pocas
palabras: mantenerlo simple
y clásico manteniendo todo
tipo de ventajas, siempre que
esas ventajas sean realmente
importantes para usted.

ESTRATEGIA DE TATUAJE PERSONALIZADO: ENFOQUE COMBINADO

Quizás, tras considerarlo más a fondo, quisiera tener un Tatuaje Personalizado, aplicando una estrategia más combinada y estructurada en
torno a dos de las 4Ps. Mientras que la clásica pizzería de un dólar por
porción se centra exclusivamente en el precio bajo, un restaurante con un
enfoque de Tatuaje Personalizado naturalmente consideraría el precio
en su marketing mix, pero también priorizaría el producto. Piense, por
ejemplo, en un bistró de cocina de fusión asiática y sureña de precio medio, que no es la opción de comida de menor costo, pero tiene un precio
justo y estratégico. Debido a que su producto (y UX) novedoso y atractivo es tan integral para la imagen que quieren transmitir o la historia
que quieren contar como su precio, sus clientes están dispuestos a pagar
un poco más.

O un poco menos, como en el caso del Centro Tilles para las Artes
Escénicas del LIU Post, aproximadamente a una hora al este de la ciudad

de Nueva York, en los suburbios prósperos de la costa norte de Long Island.

Cuando el Centro Tilles acudió a nosotros, comprendimos de inmediato que estaban en condiciones de ofrecer los mismos tipos de entretenimiento, arte y cultura que el público podía encontrar en Manhattan, pero mucho más cerca de los hogares del público local y, además, a un precio más asequible. Su Punto de venta no podía cambiar y su Producto estaba en gran medida impulsado por el Promotor, pero sus Precios y su posicionamiento Promocional estaban listos para ser personalizados. Eran un Tatuaje Personalizado, pero en sus plataformas de marketing actuales, no aprovechaban sus ventajas ni apelaban a las motivaciones de su clientela potencial, quienes seguramente sentían que eran Supuestos de ir a eventos culturales del calibre de Broadway, mientras Necesitan seguir adelante con sus vidas suburbanas de Long Island. El Centro Tilles intentaba competir con Broadway en lugar de intentar diferenciarse jugando con las variables de precio, punto de venta y promoción. Su audiencia necesitaba orientación para aprovechar las oportunidades que ofrecía el Centro. Creamos una campaña que les ayudó a hacer precisamente eso. Hablaba de la forma en que los consumidores deberían pensar en ellos, como la fuente para aprovechar al máximo su valioso tiempo de fin de semana: "Los mejores asientos... para los mejores actos... al Mejor Precio... ¡Tan cerca de casa!"

Reunimos una combinación de medios estratégicos - que incluyen publicidad impresa, correo directo, transmisión, exteriores, correo electrónico, redes sociales, dispositivos móviles y publicidad en línea con contenido multimedia enriquecido- y diseñamos un nuevo sitio web responsivo para presentar dinámicamente las diversas ofertas futuras. Agregamos el eslogan orientado a los beneficios: "Haga que cada fin de semana cuente". También destacamos una campaña Crea-Tu-Propia suscripción que ofrecía descuentos y otros incentivos para quienes compraran entradas para tres o más espectáculos. Se animó a los usuarios a aprovechar la oportunidad única de personalizar su temporada y, de hecho, "Hacer que cada fin de semana cuente". Como resultado, en solo seis meses, su base de suscripciones Crea-Tu-Propia alcanzó el volumen más alto jamás logrado en los treinta y cinco años de historia de Tilles, lo que demuestra que el conocimiento destacado puntuado por un elegante recordatorio de UX produce resultados reales.

En pocas palabras: estrategias de tatuajes personalizados como esta le permiten articular más claramente quién es usted, por qué es importante y qué ofrece a través de una combinación personalizada de elementos de marketing mix. Ofrecen mucha más flexibilidad en la forma de llevar su producto al mercado.

ESTRATEGIA DEL TATUAJE CONTEMPORÁNEO: DEL MOMENTO

La tercera estrategia, Tatuajes Contemporáneos, implica responder o crear demanda basada en los cuatro elementos del marketing mix. Sin embargo, en este enfoque, mucho más que en cualquier otro, el tiempo lo es todo. Las aplicaciones son ejemplos perfectos. Sus productos o servicios son esencialmente soluciones a problemas en respuesta a las necesidades del momento y a la aplicación de la tecnología del momento.

Piensa en Eventbrite. Fundada en 2006 "para unir al mundo a través de experiencias en vivo", Eventbrite utilizó tecnología de última generación para reducir la fricción necesaria pero agotadora en la creación de eventos. Ayudó a casi un millón de creadores en 180 países a organizar 4,7 millones de eventos en vivo en todo el mundo solo en 2019. Como plataforma en línea para comercializar y vender entradas para eventos, uno de los competidores iniciales obvios de Eventbrite fue Ticketmaster, una empresa con presencia en el mercado de estadios y arenas y otros grandes eventos. Sin embargo, cuando los fundadores de Eventbrite, Julia y Kevin Hartz, vieron que Ticketmaster no estaba tan interesado en eventos pequeños y medianos, vieron una oportunidad y la aprovecharon.

Sus principales clientes no son en realidad compradores de entradas, sino lo que ellos llaman creadores de eventos, los anfitriones que promocionan una página de evento donde los compradores de entradas pueden conocer un evento y adquirir entradas. Entonces crearon una plataforma donde los anfitriones podrían crear una lista de eventos, promocionar el evento y realizar un seguimiento de los asistentes y las ventas. Eventbrite tomó las necesidades y deseos de los creadores de eventos pequeños y medianos y los resumió en temas funcionales. Los creadores de eventos podrían publicar una página de evento en cuestión de minutos, promocionar el evento en línea sin un gran presupuesto de marketing y gestionar las relaciones entre creador y asistente.

Este enfoque los convirtió en un tatuaje contemporáneo de gran éxito y también los preparó para girar rápidamente frente a entornos que cambian rápidamente. Por ejemplo, durante la recesión de 2009, cuando las personas que habían perdido sus empleos comenzaron a usar sus habilidades para enseñar a otras personas, Eventbrite hizo que su plataforma fuera más amigable para los eventos empresariales.

En 2020, según el podcast de NPR Cómo construí esto, ante el impacto directo de la pandemia de COVID-19 en las reuniones en persona, Eventbrite descubrió que sus creadores pasaban de eventos presenciales a eventos virtuales. Los creadores también cambiaron a un modelo de compensación muy diferente, donde la mayoría de los eventos pasaron a ser gratuitos o mediante donación. Eventbrite entendió que su relación con los creadores de eventos era primordial, y los creadores encontraron valor en los datos y la capacidad de gestionar relaciones a largo plazo con los asistentes, en lugar de en los ingresos de los compradores únicos de entradas. Por eso, Eventbrite invirtió en fortalecer su plataforma de gestión de relaciones con los clientes, facilitando e incluso eliminando cualquier fricción involucrada con este aspecto de la creación de eventos. Al mismo tiempo, la plataforma dejó en claro que las oportunidades eran ilimitadas para cualquiera que buscara una comunidad virtual y conexiones, y que estaba allí para ayudar en ese objetivo.[20]

Incluso cuando las reuniones en persona regresaron después de la pandemia, la capacidad de respuesta y la flexibilidad de Eventbrite plantaron un jardín virtual que continúa floreciendo.

Eventbrite. Lyft. Seamless.. Estas aplicaciones brindan servicios actualizados. Y cuando las empresas que las respaldan diseñan su marketing mix, ya no tienen en cuenta el producto en sí, sino el beneficio o el resultado. Sus clientes ya no tienen que imprimir boletos, recopilar datos ni administrar invitaciones de Zoom. No tienen que esperar a que pase un taxi. No tienen que levantar el teléfono y pedir comida. No tienen que salir de casa para escuchar a un orador, practicar yoga o incluso probar vino. El marketing mix permite que los tatuajes contemporáneos se estructuren en torno a una idea de solución y formulen las otras tres Ps en consecuencia.

¿Funcionaría la idea de un servicio de transporte compartido si costara dos o tres veces más que un taxi? ¿Qué tipo de mix se necesita para que la solución sea la más deseable? ¿Un precio bajo? ¿O un precio alto? ¿Promoción amplia? ¿Muy poca promoción? El servicio de viajes compartidos que se basa de boca en boca y las redes sociales en lugar del marketing para contar su historia es un tatuaje muy diferente a uno que decide establecer su reputación a través de publicidad paga tradicional y no tradicional. La aplicación de viajes que cobra una elevada cuota de membresía es un tatuaje muy diferente al que es gratuito.

---

20   "How I Built Resilience: Live with Julia Hartz,"entrevista con Guy Raz, How I Built This, NPR, 16 de Julio de 2020, audio, https://www.npr.org/2020/07/15/891511843/how-i-built-resilience-live-with-julia-hartz

Consideremos nuevamente la analogía del cine independiente expuesta en el tercer capítulo, "La psicología y las 4Ps". ¿Qué tipo de tatuaje le gustaría que fuera ese negocio? ¿Debería ser más exclusivo? ¿Las entradas para su cine deberían costar más que las del cine comercial? Y si es así, ¿ese precio debería ofrecer a sus clientes una experiencia más elevada con asientos más grandes y reclinables, acomodadores, comida y bebida local, artesanal o distintiva? ¿O quiere tener un cine de tres dólares que utiliza la motivación de los precios para llenar asientos y obtener la mayor parte de sus ingresos a través del modelo tradicional de concesiones convencionales? ¿Quiere mostrar películas de autor, y solo de autor, los siete días de la semana? ¿O quiere incluir una series revividas o películas convencionales durante los días festivos y fines de semana?

La belleza del tatuaje, particularmente el enfoque contemporáneo, se encuentra en toda la libertad que ofrece. Si bien la "marca" - el cine comercial en este caso - tiene una identidad fija, el cine del tatuaje contemporáneo puede abrazar plenamente la idea de la verdadera UX, crear en torno a ella y evolucionar. El término cine comercial en sí implica una UX limitada y establece expectativas obvias y estrictas. Salir de ese molde requiere una gran inversión en recursos de marketing, algo que sólo una marca nacional puede permitirse. Pero un tatuaje contemporáneo que comienza con UX tiene el poder de establecer una identidad propia eficiente, fluida, sensible al cliente y receptiva.

Cuando comenzamos a manejar la estrategia de medios experienciales y exteriores de la empresa de comercio electrónico Jet. com en su lanzamiento en 2014, era imperativo romper con la estática del comercio minorista e impulsar las ventas en línea y la adquisición de clientes. Como Amazon.com ya estaba muy bien establecido, nuestro objetivo principal era generar conciencia estratégica en mercados clave, motivando a estos primeros adoptadores e innovadores a asumir su identidad organizacional, algo similar a cuando los chicos geniales de la cuadra hacen al principio de toda moda. Luego deberían alentar a sus usuarios - en su caso, también madres trabajadoras y millennials interesantes e inteligentes - a hacer lo mismo y elegir una solución tan innovadora y conocedora como ellos. En ese momento, todo lo que teníamos que hacer era decidir cómo llegar mejor a los clientes Supuestos y convencerlos de ser los primeros en encontrar soluciones nuevas y actuales a los problemas del momento.

Como dije antes, es importante recordar que sólo porque Amazon también envía bienes de consumo, un cine también muestra películas, Domino's también vende pizza o el Museo Metropolitano también exhibe arte, no convierte automáticamente a esa organización en su competidor. Cuanto más te identifiques como un tatuaje, más podrás ver esas marcas e instituciones como puntos de referencia valiosos de cuánta demanda puede producir potencialmente el mercado. En el caso de Jet.com, esta información fue parte de un plan que resultó en $5.5 millones en ahorros en medios, un millón de nuevos clientes obtenidos durante su período de lanzamiento, mil millones de dólares en ventas y una adquisición de $3.3 mil millones en 2016 por parte de Walmart. La gran tienda se dio cuenta del valor de la tecnología y el liderazgo de Jet. com, comenzando con su enfoque centrado en UX.

TU TURNO

Así que ahora la gran pregunta es:
¿qué tipo de tatuaje quisiera dibujarse?

	No	Un poco	Si
¿Qué tan flexible es su PUNTO DE VENTA? ¿Puede estar disponible en diferentes ubicaciones? ¿En diferentes plataformas?			
¿Qué tan flexible es su PRECIO? ¿Puede variar su precio para adaptarse a diferentes clientes con diferentes motivaciones?			
¿Qué tan flexible es su PRODUCTO? ¿Puede variar su producto para adaptarse a diferentes clientes con diferentes motivaciones? ¿O su producto es lo que es, ni más ni menos?			
¿Qué tan flexible es su PROMOCIÓN? ¿Puede personalizar tus promociones para llegar a diferentes clientes dondequiera que se encuentren?			
¿Es importante el TIEMPO? ¿Su producto es "del momento"? ¿Pudo comercializarlo antes? ¿Divisa una pequeña ventana de oportunidad?			

Decidir qué tatuaje quiere dibujarse o ser es fácil. ¿Pero a quién le va a gustar? De eso se trata el próximo capítulo.

CAPÍTULO 5

TU TATUAJE Y TU MERCADO

"**SÉ FIEL A** quién eres".

"Acepte sus principios fundamentales y los problemas que debería resolver".

Todo suena tan fácil que no hace falta decirlo, pero una y otra vez veo emprendedores y especialistas en marketing que casi han olvidado este consejo fundamental. ¿Por qué? Porque piensan como una marca y no como un tatuaje.

Consideremos el Centro Tilles para las Artes Escénicas, el tatuaje personalizado descrito en el capítulo anterior. Sabían lo que eran: un centro de artes escénicas bien establecido con capacidad para 2.200 personas en un campus universitario en un suburbio a una hora de la ciudad de Nueva York. Aún así, se sintieron obligados a competir con los teatros de Broadway de Manhattan, una fuerza que la mayoría estaría de acuerdo desafía toda competencia. Seamos sinceros. Si tu mamá quiere ver a Hamilton el Día de la Madre, tal vez después de una agradable cena previa al teatro en Restaurant Row, un par de entradas para la gira de aniversario de RENT en Brookville no la ayudarán a olvidar el cumpleaños que pasaste por alto por completo el año pasado. O por otro lado, si usted y su pareja disfrutan de la música clásica en vivo o del baile de primer nivel pero no quieren desperdiciar tiempo ni dinero viajando a la ciudad, o si quieren exponer a sus hijos a una variedad de presentaciones en vivo - siempre y cuando puedas colocarlos entre sus clases de ballet y prácticas de fútbol.

Tatuaje Personalizado es precisamente el lugar que elegirías.

Sólo cuando el Centro dejó de intentar vencer a Broadway en su propio juego y en su lugar adoptó su identidad central como la principal sala de conciertos de Long Island, pudo comenzar a actualizar su grupo de clientes potenciales. Del mismo modo, establecer y respetar tu identidad tatuadora te permite superar la mentalidad predeterminada de competir con marcas establecidas o intentar ser todo para todas las personas. Pensar como un tatuaje te libera para dejar de lado el ruido y pasar directamente al verdadero trabajo de decidir con quién debes hablar y qué necesitan escuchar.

Para el Centro Tilles, no eran las personas las que necesitaban ver un espectáculo de Broadway, sino las personas que se suponía que debían y querían aprovechar las oportunidades culturales y la ubicación del Centro las que impulsaron su éxito. Pero primero, esos clientes necesitaban una orientación clara, convincente y fácil de usar, seguida de incentivos fáciles de usar.

Para la compañía de música de cámara con la que trabajamos en el capítulo 3, no contactamos a personas que quisieran ver música de cámara o sinfonías orquestales. En cambio, apelamos a aquellos cuyos calendarios ya estaban llenos de otros conciertos, a los amantes de la música y la cultura que siempre buscaban experiencias interpretativas nuevas y emocionantes, y a aquellos familiarizados con el género que necesitaban un poco de recordatorio de por qué la música era importante para ellos en el primer lugar.

Para otro cliente, Rainforest Alliance, el grupo internacional de defensa de la sostenibilidad con sede en Nueva York, no fue suficiente atraer a personas que querían hacer el bien o hacer del mundo un lugar mejor. Nos fijamos en aquellos que sabían que se suponía que debían promover la sostenibilidad y, lo más importante, en aquellos que querían hacer de las prácticas de sostenibilidad parte de su estilo de vida.

SEGMENTACIÓN DE MERCADO

Cuando determinas con quién quieres hablar y sabes qué los motiva, podrás ofrecer tu producto o servicio en términos muy específicos y personales. Sí, (casi) siempre hay competencia, pero cuanto más empático sea con las necesidades emocionales de tus clientes y las decisiones que deben tomar, seras mas persuasivo y memorable, estableciendo: ¿A qué tipo de cosas es más probable que respondan sus clientes? ¿Cómo puedes posicionarte a ti mismo - y a tu tatuaje - como una experiencia comparativamente superior para tus usuarios?

Esto es lo que se conoce como segmentación de mercado: dividir un amplio mercado empresarial de clientes existentes y potenciales en categorías o segmentos con motivaciones compartidas. Es una idea que ha existido de alguna manera durante siglos. Pero fue realmente a mediados del siglo XX, el apogeo de la publicidad de Mad Men, cuando se hizo más fácil obtener datos demográficos y de consumidores y el comportamiento humano y la sociología se convirtieron en un campo de estudio más popular, que el término y la práctica echaron raíces firmemente.

Más recientemente, el término Segmentación Inteligente se ha puesto de moda, particularmente cuando se dirige a los consumidores en el vasto mercado del comercio electrónico. Aun así, los principios siguen siendo los mismos. Divide y vencerás de la manera más eficiente posible. ¿Cómo? Ejecutando su análisis SNOW en varios segmentos del mercado y decidiendo qué combinación de técnicas de marketing mix se adaptan mejor a sus motivaciones.

Para ver un ejemplo simple pero revelador de análisis de marketing mix combinado con Segmentación Inteligente, considere su Starbucks local frente a un carrito de café móvil. Si usted es el carrito de café, es poco probable que le pueda ganar en Producto. Los clientes de Starbucks van allí en busca de brebajes complejos con cafeína hechos a pedido, así como de un lugar para pasar el tiempo que quieran.

Pero los clientes de Starbucks también pagan mucho por ese Producto, lo que significa que el precio es un factor en el que su carrito de café puede ganar. Mucha gente quiere comprar una taza de café por la mañana. Pero no todo el mundo quiere gastar cinco dólares o más cada día. Y tal vez no todo el mundo quiera desviarse para tomar un café de camino al trabajo. Así que también puedes ganar en el factor punto de venta. Comodidad, precio, tal vez sostenibilidad: en realidad tienes varias Ps a tu disposición para trabajar, lo que te convierte a ti y a tu carrito de café en un tatuaje personalizado certificado.

Tu primer trabajo es comprometerte con esa identidad de Tatuaje Personalizado y tu misión fundacional de hacer felices a los bebedores de café por la mañana. Agregue su objetivo de hacerlo vendiendo café de una manera fiscalmente sostenible y modestamente lucrativa. Luego necesitarás segmentar tu mercado desde el grupo total de consumidores de café hasta los consumidores de café específicos con quienes tiene más sentido hablar directamente. Después de todo, la gente no va a comprar dos tazas de café de dos vendedores diferentes cada mañana. Y probablemente hay muchos bebedores de café cuyas necesidades y rutinas Starbucks satisfacen plenamente. Entonces, ¿cómo segmentas el resto? ¿Y cómo se aplica el marketing mix en consecuencia? Sabes qué herramientas hay en tu caja de herramientas: precio, punto de venta y promoción. Puede estacionar su carrito en un lugar estratégico, resaltar su precio y promocionar ofertas especiales del día y tarjetas de fidelidad.

Las opciones a menudo pueden parecer ilimitadas y abrumadoras. Como resultado, se puede desperdiciar tiempo, energía y dinero valiosos. La Segmentación Inteligente - analizar el mercado y sus motivaciones - ayuda. Con la información correcta, puede organizar las herramientas de precio, punto de venta y promoción en su caja de herramientas, dejando allí las que no son adecuadas para el trabajo y dejando atrás las que no son adecuadas y utilizando solo las mas prácticas.

SEGMENTACIÓN INTELIGENTE EN ACCIÓN

Cuando empezamos a asociarnos con el presentador de música de cámara que presenté en el capítulo 3, eran una organización establecida con cuarenta años de antigüedad. Sus ingresos generales habían aumentado debido al aumento de los precios de las entradas, los precios dinámicos y un aumento del 15 por ciento en las actuaciones. Pero su porcentaje general respecto de su capacidad total de 920 asientos estaba en declive, una tendencia de varios años que sabían que debían revertir. Su objetivo: aumentar su audiencia promedio en un cinco por ciento hasta al menos un 80 por ciento por concierto durante la próxima temporada y gradualmente hasta un 85 por ciento cuatro temporadas más adelante.

Metas Inmediatas:

Alcanzar el 80 por ciento de capacidad o 736 entradas vendidas por concierto

Metas Temporadas:

Vender un total de 25.024 entradas, un incremento de 874 entradas o 26 entradas más por concierto.

Para cumplir el objetivo general de vender 874 entradas más para la próxima temporada, necesitábamos llegar al 0,8 por ciento de los 54.496 hogares que coincidían con el perfil de comprador de entradas.

El objetivo fijado era significativo y totalmente alcanzable. Aún así, para vender veintiséis entradas más de media por concierto, necesitaban persuadir a más de tres mil clientes más en total para que probaran su producto, lo que, a su vez, significaba ganar más cuota de mercado.

Los datos de los consumidores nos permitieron saber quién ya compraba entradas para las actuaciones de la empresa. Este perfil de cliente, por extensión, nos ayudó a formular, identificar y, en última instancia, centrar nuestras energías en distintos segmentos de los clientes potenciales más persuadibles y sus correspondientes motivaciones. En este caso, se nos ocurrieron cuatro segmentos:

Segmento 1: Consumidores culturales actuales que habían mostrado interés en formas de arte similares en la misma sala de conciertos. Quizás estuvieran interesados en los conciertos de la compañía pero aún no habían asistido a ninguno. Eran personas que habían demostrado que valoraban y disfrutaban viendo artistas excepcionales y altamente calificados y habían expresado su voluntad de gastar su dinero y tiempo en este tipo de actuaciones en este lugar.

Segmento 2: Consumidores culturales inactivos que buscaban reiniciar. Quizás ahora eran personas con el nido vacío que no habían tenido tiempo de asistir a conciertos mientras sus hijos estaban en casa. O tal vez por un tiempo, el trabajo o un presupuesto ajustado de alguna manera se habían interpuesto en el camino.

Segmento 3: Principiantes, ya sean entusiastas de la música con curiosidad cultural que aún no habían descubierto la música clásica o nuevos residentes que recientemente habían comenzado a explorar las ofertas culturales de la ciudad.

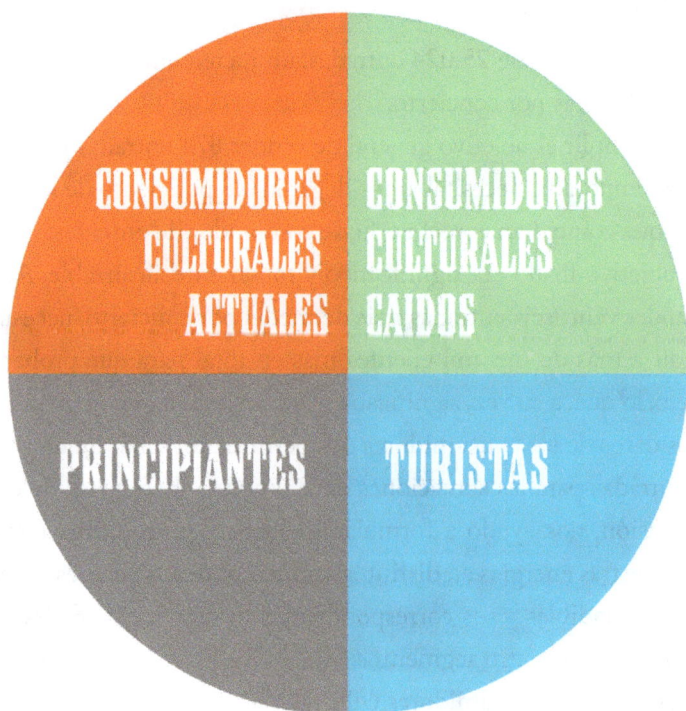

CONSUMIDORES CULTURALES ACTUALES

CONSUMIDORES CULTURALES CAIDOS

PRINCIPIANTES

TURISTAS

Segmento 4: Turistas en busca de un destino artístico de primer nivel mientras están en la ciudad.

A continuación, utilizando datos demográficos reales, podríamos dimensionar con precisión cada segmento del mercado y empezar a pensar en la distribución. Por ejemplo, con el primer segmento, consumidores culturales actuales, podríamos analizar los datos de organizaciones pares para medir el número total de visitantes al centro artístico (aproximadamente cinco millones), su desglose en términos de dónde vivían y los porcentajes de capacidad de otras organizaciones de actuación. Debido a que existía una división de casi 50/50 entre las audiencias turísticas/locales versus las del área metropolitana mayor, calculamos que este segmento se alcanzaba mejor a través de una combinación de medios que incluyera una fuerte orientación local pero que también hablará con los viajeros suburbanos y las áreas turísticas entrantes de alto tráfico.

Pasando al Segmento 2, consumidores culturales inactivos, utilizamos datos del censo superpuestos con datos actuales de compradores de entradas (edad, educación, ingresos, hogar). Eso nos permitió establecer el número real de hogares en el área metropolitana con perfiles de clientes similares y, por lo tanto, con mayor probabilidad de ser persuadidos: aproximadamente 116.000 hogares.

Los datos del censo podrían decirnos lo mismo sobre el tercer segmento. El tamaño de este grupo potencial de "primerizos" (un grupo demográfico que definimos como personas entre 35 y 75 años con una licenciatura o un nivel educativo superior y un ingreso anual de $50 000 o más) ascendía a aproximadamente 425 000 hogares. También podríamos mapear a qué vecindarios se estaban mudando y trabajando los nuevos residentes y, por lo tanto, dónde se llegaba mejor a través de la publicidad.

Armados con esta información, junto con las cifras anuales de turismo de la ciudad para que sirvieran como guía para el Segmento 4, estábamos listos para analizar estos mercados e idear una estrategia de Segmentación Inteligente basada en la audiencia objetivo. Basándonos en los datos demográficos de la empresa y de nuestros pares, reducimos aún más el campo. ¿Qué porcentaje de cada cohorte podríamos esperar

TAMAÑO DE A AUDIENCIA. ÁREAS DE CRECIMIENTO

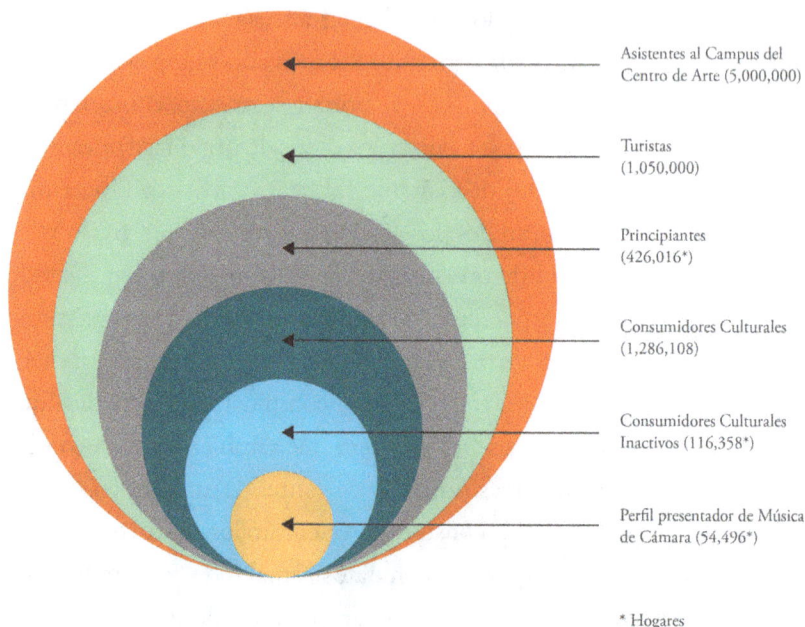

Asistentes al Campus del
Centro de Arte (5,000,000)

Turistas
(1.050,000)

Principiantes
(426,016*)

Consumidores Culturales
(1,286,108)

Consumidores Culturales
Inactivos (116,358*)

Perfil presentador de Música
de Cámara (54,496*)

* Hogares

persuadir y, según estas estimaciones, en qué grupo o grupos de audiencia era mejor invertir?

La empresa necesitaba urgentemente adoptar su identidad de tatuaje, segmentar su mercado potencial y repensar su marketing mix en consecuencia para revertir una crisis preocupante.

Por otro lado, es posible que algunas organizaciones necesiten centrarse en la segmentación para respaldar el lanzamiento de un producto nuevo a un grupo demográfico nuevo o existente. Por ejemplo, tomemos el caso de una empresa boutique de cuidado de la piel para el rostro y el cuerpo que busca expandirse al mercado masivo manteniendo al mismo tiempo su identidad de Tatuaje Personalizado joven, natural y libre de crueldad.

Considere una empresa de belleza que comenzó como una cadena de spa boutique y luego se estableció como un tatuaje personalizado para el cuidado de la piel. Lo hizo a través de asociaciones con productos de spa y baño, primero con una cadena hotelera y, finalmente, con una importante cadena minorista.

Pero a medida que crecía el conocimiento y la demanda de productos para el cuidado de la piel, la empresa comenzó a sentirse menos exclusiva y diferenciada de la plétora de líneas de productos desafiantes que llegaban al mercado e impedían su retención mientras ganaban participación de mercado. Sin embargo, competir con marcas verdaderas y más grandes como Dove o Aveeno en términos de escala de marca global no era práctico ni necesario. En lugar de perder tiempo, dinero y energía tratando de llegar a todos, incluidos los clientes para quienes estos atributos centrales no son tan importantes, la Segmentación Inteligente dirigiría a dicha organización a limitar su enfoque de mercado. Necesitaban identificar un determinado segmento del mercado para quien sus valores fueran realmente significativos y dedicar sus recursos limitados a hablar directamente con ese segmento. Aprovechar su identidad tatuada integral y emplear la Segmentación Inteligente complementaria era práctico y necesario.

La empresa tenía un producto para el cuidado de la piel que era fresco, natural y mejor para el medio ambiente que otros productos. El cliente ideal para adoptar su producto era aquel que apreciaba estos valores y estaba dispuesto a invertir su dinero en ellos, una persona a la que le entusiasmaría descubrir un producto como el suyo y que estaría igualmente emocionada de compartir su descubrimiento con sus amigos.

Entonces, ¿qué grupo demográfico era más probable que encarnará esta descripción?

Más probable:

- una mujer, de 18 a 34 años
- en su primer trabajo
- móvil primero
- moda vanguardista
- constantemente conectado con amigos a través de las redes sociales

Sabiendo esto, ¿qué más podríamos inferir sobre el estilo de vida de ese cliente? Dado que también habían comprado en la cadena minorista en los últimos tres meses y, por lo tanto, tenían almacenados datos de compras disponibles, podríamos asumir varias características sobre este cliente:

- busca ingredientes orgánicos cuando compra productos de salud y belleza
- le encanta la idea de viajar al extranjero
- participa en clases de fitness más de 2 veces por semana
- trata de comer alimentos saludables/una dieta equilibrada
- le gusta estar al día con la última moda

Tener un perfil de audiencia tan detallado permitiría a la empresa de belleza penetrar con precisión en este segmento demográfico. En última instancia, podrían hablar directamente del estilo de vida de esa audiencia, en particular su hiperconexión con sus teléfonos celulares, y mostrar cómo encajan sus productos. Como tatuaje personalizado, podrían ajustar su precio según sea necesario. Al mismo tiempo, podrían utilizar herramientas de promoción para crear conciencia que resonarán más fuertemente en esta audiencia femenina joven. Podrían hacerlo centrándose, no en cada ciudad con una cadena de tiendas, sino específicamente en los mercados donde esas mujeres jóvenes están más concentradas (Nueva York, Filadelfia, Chicago y Los Ángeles) y aún más precisamente en los barrios concretos donde tienden a vivir y trabajar.

Segmentación Inteligente 101, esencialmente.

Por supuesto, no podemos olvidarnos de las organizaciones que recién están comenzando, las que recién han descubierto qué tipo de tatuaje son y están listas para abordar la pregunta del cliente. ¿Eres tú? El proceso es el mismo que en los estudios de caso detallados anteriormente. Usted sabe lo que es importante para su organización. Entiende la misión y el problema que se necesita resolver. El siguiente paso - y no creería cuántas organizaciones se saltan esta parte - es segmentar la población general entre quienes tienen el mismo problema y quienes no. Entonces

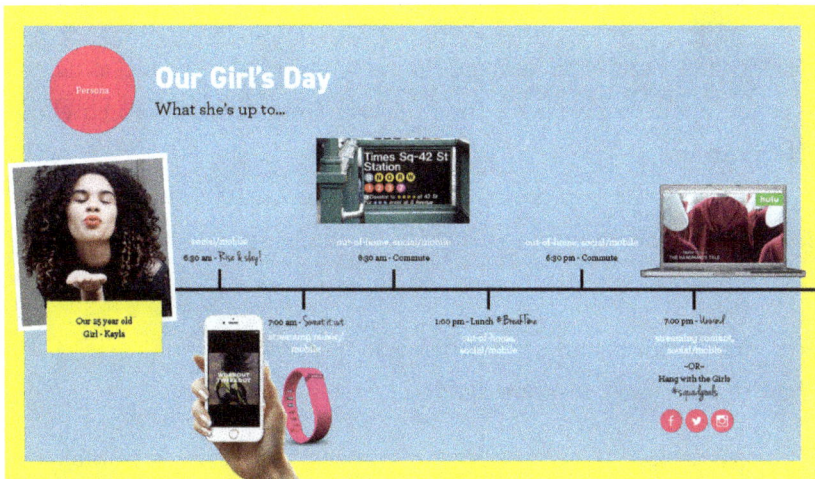

Our Girl's Day
What she's up to...

Persona

Our 25 year old
Girl - Kayla

Times Sq-42 St Station

hulu
THE HANDMAID'S TALE

6:30 am - Rise & day!
home/mobile

8:30 am - Commute
out-of-home, social/mobile

6:30 pm - Commute
out-of-home, social/mobile

7:00 am - Sweat it out
at-home/social/mobile

1:00 pm - Lunch *Break Time
out-of-home, social/mobile

7:00 pm - Unwind
streaming content, social/mobile
-OR-
Hang with the Girls
*go-go-go!

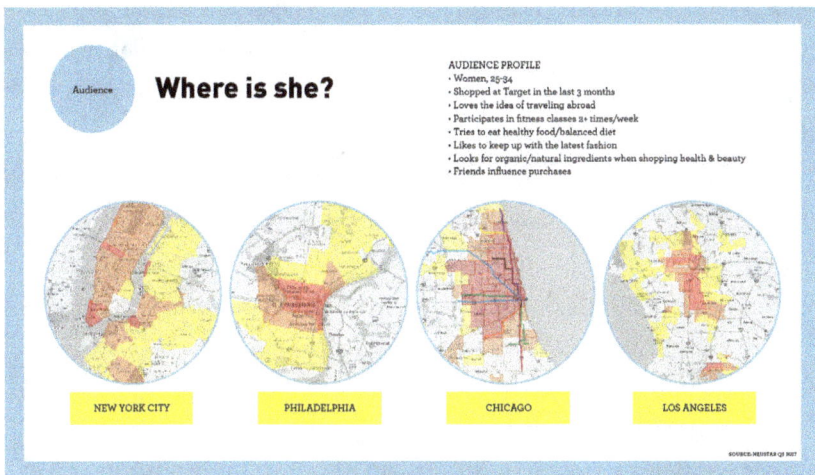

Where is she?

Audience

AUDIENCE PROFILE
· Women, 25-34
· Shopped at Target in the last 3 months
· Loves the idea of traveling abroad
· Participates in fitness classes 2+ times/week
· Tries to eat healthy food/balanced diet
· Likes to keep up with the latest fashion
· Looks for organic/natural ingredients when shopping health & beauty
· Friends influence purchases

NEW YORK CITY   PHILADELPHIA   CHICAGO   LOS ANGELES

SOURCE: NIELSEN Q3 2017

entra en juego la verdadera segmentación inteligente. ¿Cómo se puede clasificar a aquellos cuyo problema puedes resolver en grupos específicos con características y motivaciones específicas a las que dirigirte y atraer? Una vez categorizados, ¿cómo se identifican los frutos más rentables y al alcance de la mano?

Si fueras un Tatuaje Contemporáneo, como una aplicación o una nueva empresa tecnológica, por ejemplo, se centraría exclusivamente en los primeros usuarios. Estas personas buscan activamente lo "nuevo y mejor" y, una vez que lo ven, tienden a dar el siguiente paso y probarlo más rápido. Los primeros usuarios son simplemente la línea más corta entre los dos puntos de "desconocido" y "conocido", y cuando el tiempo lo es todo para su producto, este es el segmento del mercado en el que debe centrarse.

En el caso de la tecnología, los primeros usuarios tienen un perfil demográfico común, según el Pew Research Center:

- entre 20 y 44 años
- título universitário de primer ciclo o superior
- ingreso familiar promedio de $150,000

A partir de ahí, sin embargo, todavía necesitas segmentar inteligentemente. ¿Dónde es más probable encontrar y llegar a esos primeros usuarios? No hay necesidad de agotar recursos limitados para llegar a toda la población de pioneros cuando el 75 por ciento, o incluso el 60 o el 50 por ciento, se concentran en dos o tres mercados manejables y más fácilmente penetrables. ¿Dónde está aumentando constantemente el empleo en el sector tecnológico año tras año, lo que significa que más usuarios pioneros están encontrando empleo? ¿Y dónde hay una fuerte concentración de población, es decir, más oportunidades de transporte masivo?

Utilizando datos del censo de población, ingresos y nivel educativo, es fácil trazar los rasgos mejor alineados con el perfil descrito anteriormente. Los principales mercados pueden clasificarse en consecuencia, identificando los pequeños estanques llenos de peces más hambrientos. Es entonces, cuando sabes dónde dejar caer el anzuelo, cuando surge la siguiente pregunta: ¿Cuál es el mejor cebo?

El "Ciclo de vida de adopción de innovación" describe el típico proceso de aceptación de un nuevo producto en forma de campana a lo largo del tiempo. Normalmente, el primer grupo en adoptar una innovación - los Innovadores - está más orientado al riesgo y es más tolerante al riesgo, más educado y, a menudo, más rico. Luego vienen los Primeros en Adoptar de los que acabamos de hablar, un grupo un poco menos próspero. Ellos también están orientados al riesgo, tienen un buen nivel educativo y son influyentes en sus propias comunidades. A estos grupos

CICLO DE VIDA DE ADOPCIÓN DE INNOVACIÓN

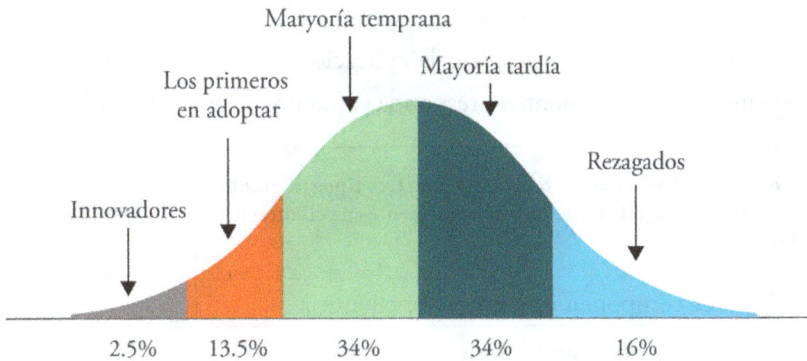

Maryoría temprana

Los primeros
en adoptar

Mayoría tardía

Rezagados

Innovadores

| 2.5% | 13.5% | 34% | 34% | 16% |

les sigue la Mayoría Temprana, que es menos propensa a correr riesgos pero aún está abierta a nuevas ideas; y la Mayoría Tardía, a menudo de mayor edad, más reacia al riesgo y menos activa socialmente. No necesariamente el grupo menos importante, pero sí el último en subirse al carro, son los Rezagados o los Fóbicos. Son los Rezagados, por ejemplo, quienes pueden comenzar a usar un servicio de transporte compartido, pero solo cuando están con un hijo o hija que descargó la aplicación para ellos en primer lugar. Los emprendedores deben planificar y establecer objetivos que respeten su mercado disponible de manera integral, teniendo en cuenta la curva de adopción - y no solo confiando en la capacidad de convertir rápidamente a los Innovadores y los Primeros en Adoptar, ya que al hacerlo, la mayoría de la base de consumidores queda fuera de escena.

TU TURNO

Es probable que varios datos demográficos estén representados en su audiencia. Para practicar la aplicación de la segregación inteligente, elija tres segmentos y responda varias preguntas sobre cada uno.

Complete breve y descriptivamente para tres tipos diferentes de datos demográficos de tres tipos diferentes de clientes a los que desea llegar.	Segmento		
	1	2	3
¿Quiénes componen este grupo de clientes?			
¿Qué creencia o pasión las impulsa?			
¿Cuál es un vacío que puedes llenar o un problema que puede resolver para este grupo?			
¿Cómo están llenando actualmente este vacío o cuál es la consecuencia de su problema no resuelto?			
¿En qué están perdiendo tiempo o dinero? En otras palabras, ¿cómo podría su producto ayudarles a ahorrar tiempo o dinero?			
¿A qué quieren dedicar más tiempo?			
¿Cómo puede encontrarlos donde quieren estar?			
Para este grupo, califique la importancia del Producto del 1 al 10, siendo 10 un interés profundo e intrínseco y 1 ningún interés en absoluto.			
Califique la importancia de la promoción para esta audiencia del 1 al 10, siendo 10 una audiencia muy persuadible donde no se requiere mucha promoción y 1 una audiencia nada persuadible.			
Califique la importancia del lugar del 1 al 10, donde 10 está dispuesto a viajar a cualquier lugar y 1 está inmóvil o profundamente atado a un lugar.			
Califique la importancia del precio del 1 al 10, siendo 10 muy determinado por el precio y 1 nada en absoluto.			

CAPÍTULO 6

CONTANDO SU HISTORIA DEL TATUAJE

CONTAR HISTORIAS HA sido y siempre será el medio más universal para ir más allá de la comunicación básica y establecer vínculos entre humanos. Estamos programados para ello. Los científicos han demostrado que, en lo que respecta a nuestro cerebro, leer, mirar e incluso simplemente escuchar una historia es esencialmente lo mismo que emprender ese viaje o aventura nosotros mismos.

En este momento, mientras usted lee este libro, el texto está involucrando a a su corteza visual junto con el área del cerebro de Wernicke donde se procesan las palabras escritas. Pero puedo convertir el texto en una historia contándoles sobre el día de primavera de 1997 cuando estaba esperando subirme al Tren 4 para ir a trabajar:

> De repente vi a nuestros posters de la Bienal de Whitney de "Ámalo, Ódialo, No Te Lo Pierdas" colgados en la brillante pared de azulejos del andén de la estación. Una descarga eléctrica recorrió mi columna. La primera campaña que ayudé a dirigir había llegado oficialmente a buen término. Me quedé tan absorto viendo a mis compañeros neoyorquinos hacer una pausa para leer mi mensaje que perdí no sólo un tren, sino dos.

En este punto, los centros auditivo, motor y emocional de su cerebro se despiertan repentinamente y también se ponen a trabajar. Si tuviera que detallar la orina y el aire del metro teñido de cigarrillo, y el café delicatessen con sabor a avellana que estaba sosteniendo - después de todo, eran los años noventa - y cómo, aunque una vez muy caliente, se enfriaba constantemente, aún más áreas de su cerebro se pondría en marcha. Es muy probable que cuanto más profundo y rico sea el evento cerebral que pueda provocar, más información no sólo procesará, sino que retendrá.

¿Qué tal si no me detengo allí? ¿Qué pasaría si también le confiara las emociones conflictivas de orgullo y aprensión que también sentí? Los carteles eran hermosos, pero ahora que la campaña se había lanzado oficialmente, todo lo que podía hacer era esperar que funcionara - y preocuparme, si no lo hacía. A medida que entrelazo mis esperanzas y miedos en la historia, invitándole a mi estado mental, se liberará oxitocina en todo su cerebro - o, como la llama el neuroeconomista Paul J. Zak, La molécula moral: La fuente del amor y la prosperidad.[21] Empezaría entonces a imaginarse en una situación similar a la mía.

Según el Dr. Zak, los niveles de oxitocina se correlacionan directamente con nuestra capacidad de comprender y compartir los sentimientos de los demás y, en última instancia, conectarnos con ellos. Las historias funcionan particularmente bien para producir esta molécula porque su naturaleza íntima establece confianza entre el narrador y la audiencia. Cuando le cuento mi historia, demuestro que confío en usted. Demuestro que me importa lo suficiente como para brindarle mi historia, mi atención, mi tiempo. Entonces no sólo se siente confiado y atendido, sino que también se siente "visto" - algo que todos anhelamos -, lo que hace que su cerebro produzca esa oxitocina y, a su vez, empatía por mí.

Pero el poder de la historia no termina ahí. Como sabemos todos los que alguna vez hemos visto una historia desgarradora o una publicación desgarradora de Go-Fund-Me, nuestro deseo de actuar frente a esto es la empatía. Nos mueve a donar, comprar y sentirnos conectados con una

---

21   Paul J. Zak, The Moral Molecule: The Source of Love and Prosperity, (Dutton, 2012).

causa o idea que es más grande que nosotros mismos.

HISTORIAS EFECTIVAS

Las historias también pueden impulsarnos a involucrarnos más en actividades egoístas. Por ejemplo, a Land Rover se le da muy bien hacer y mantener una promesa emocional de "aventura elegante". Ofrece todo el lujo y la emoción que esperaría a través de una profunda coherencia en el tono, la apariencia y la sensación de sus medios publicitarios. La atmósfera del concesionario, los folletos, las revistas para clientes y los eventos glamorosos tienen una sensibilidad exclusiva y de club que atrae a los clientes a la historia que desean contar. Luego está la forma en que se exhiben los productos, la estética de cada modelo y la capacidad del consumidor para probarlos tanto en condiciones difíciles como en carretera y, nuevamente, ser parte de la historia.

Sinceramente, pongo a Land Rover como ejemplo porque es un producto al que siempre he aspirado personalmente y al que ahora puedo decir que estoy enganchado. Algo me llamó la atención y me convertí en embajador de muchas maneras. Si la identidad de Land Rover y su mensaje no fueran tan consistentes, o si la calidad de la relación disminuyera después de la adquisición del cliente, no estaría tan comprometido. Esta, es una experiencia que se alinea con mi estilo de vida y lo que valoro. Y por eso, estoy feliz de dedicarle mi presupuesto de transporte y mi tiempo al volante.

Contar historias conduce a decisiones inmediatas con impacto para toda la vida. Conduce a inversiones tanto en el presente como en el futuro. No hay mejor manera de generar lealtad y reclamar una posición duradera de valor en la vida de alguien.

Dicho esto, déjeme contarle otra historia.

El Museo Nacional de la Mujer en las Artes, el único museo del mundo dedicado exclusivamente a reconocer las contribuciones creativas de las mujeres, fue fundado en la década de 1980. Durante décadas disfrutó de una existencia respetable pero adormecida no lejos de la Casa

Blanca en Washington, DC. Anticipándose a su 25º aniversario, el museo acudió a nosotros para diseñar la estrategia creativa y de medios para este histórico año de bodas de plata.

En ese momento, estaba claro que tanto el público en general como la comunidad artística percibían la institución como un lugar polvoriento y anticuado perseguido por ancianas desaliñadas, que tenía poco que ofrecer a los visitantes de los museos de DC que tenían más de veinte museos de arte para elegir. El museo necesitaba aumentar su audiencia y atraer a nuevos y más diversos visitantes y apreciadores del arte. Por eso segmentamos el mercado en consecuencia. Con el objetivo de cambiar las percepciones del museo en general, nos centramos en los primeros usuarios, el grupo demográfico con más probabilidades de actuar y compartir su experiencia con otros a través del boca en boca. Lo asiduos visitantes de museos y lo culturalmente activos, estaban, en cierto sentido, pre-calificados para intentar algo que no habían hecho antes, tal vez debido a problemas de percepción. Probablemente se les podría persuadir para que intenten algo nuevamente basándose en una justificación actualizada.

Si bien no queremos descartar al mercado convencional ni a las personas que nunca antes han visitado un museo, teníamos que ser estratégicos con recursos limitados e igual de estratégicos con la historia que contábamos. Después de todo, la Segmentación Inteligente es excelente, pero solo si la historia comunicada les habla y resuena directamente. De lo contrario, se pierde el valor en la segmentación.

En cualquier historia eficaz, dos elementos son clave: captar la atención del público y transportarlo al mundo de los personajes, de modo que incluso una vez terminada la historia, los sentimientos y comportamientos de los personajes siguen vivos en el público.

¿Entonces, qué hicimos? Primero, necesitábamos una historia para combatir la idea errónea de que El Museo Nacional de la Mujer en las Artes era un museo hecho por mujeres para mujeres. Y en segundo lugar, necesitábamos humanizar al museo y la experiencia de arte en general. Teníamos que hacerlo sentir fresco y con todo incluido. En lugar de simplemente transmitir la elección cultural de apoyar a las mujeres artistas, nuestro objetivo era convertir la idea del mecenazgo en una elección de estilo de vida, una oportunidad para conectarse - no solo con el museo, sino con su obra de arte - y entablar una conversación duradera.

Podríamos habernos apoyado en la historia de mujeres que hacen arte asombroso, arte al que ningún otro museo de la ciudad prestó atención. Eso sugeriría que cualquiera que realmente valore el arte y la cultura debería visitar el lugar. En cambio, decidimos abrazar la diversidad del arte de las mujeres y la diversidad de experiencias que ofrece este museo. Sabiendo que las personas culturalmente activas tienden a sentir una conexión con el arte, no necesitábamos introducir el concepto fundamental de visitar un museo. En cambio, les presentamos toda la nueva conversación cultural en la que podían participar

Y así, en el espíritu de su vigésimo quinto aniversario, convertimos veinticinco de las obras de arte del museo en veinticinco historias distintas, pero contiguas. Comenzamos pidiendo a veinticinco personas de la comunidad de DC que eligieran su trabajo favorito y discutieran su impacto a nivel personal. También fuimos deliberados con los amantes del arte que elegimos como embajadores. Los seleccionados para la campaña iban desde celebridades locales y propietarios de negocios hasta estudiantes y visitantes primerizos. Eran jóvenes, viejos, hombres, mujeres, personas de color y de diversos orígenes; en resumen, una variedad de personas que representaban la diversidad de Washington, DC. Al mismo tiempo, todos los embajadores estaban unidos por su amor por este lugar y sus relaciones significativas con las obras de arte del museo.

En lugar de que la institución reivindicara su propio valor ante el público, le dimos la vuelta. Dejamos que las personas que representaban los segmentos a los que nos dirigimos explicaran con sus propias palabras dónde encontraron valor. "Aquí hay veinticinco personas diferentes", dijimos, "con veinticinco puntos de vista muy diferentes y veinticinco razones para venir. Escuche sus historias. No nos escuchen a nosotros."

"¡Wow!" Alentamos a los curiosos a decir a su vez: "Realmente debería visitar este museo porque es claramente relevante. Así como hay algo ahí para los narradores con los que me identifico, probablemente haya algo ahí para mí".

Al invertir la fuente del mensaje de marketing, esperábamos crear una dinámica narrativa mucho más convincente y que genere confianza entre la institución y el público. Y esto es exactamente lo que hicimos. Esta campaña galardonada no solo reactivó con éxito la marca del museo en el radar cultural, sino que también ayudó a aumentar la asistencia general en un 39 por ciento durante el año del aniversario y la membresía aumentó en un 11 por ciento. El mensaje invertido se utilizó en marketing institucional, de membresía y de donantes, así como en campañas publicitarias para las próximas temporadas.

Airbnb y Vrbo utilizan ampliamente el mismo tipo de narración contada por el cliente. Este enfoque tiene mucho sentido para empresas que son esencialmente foros de intercambio de casas, donde los clientes - anfitriones e invitados - son el corazón y el alma de la identidad del sitio. De hecho, "Historias de la comunidad de Airbnb" es una sección dedicada al sitio web de Airbnb. Una estrategia de marketing legítima podría haber sido resaltar las distintas propiedades y dejar que sus ubicaciones, precios y servicios hablen por sí solos. Sin embargo, tanto Airbnb como Vrbo entendieron que cuando los viajeros están acostumbrados a alojarse en hoteles donde saben exactamente qué esperar en términos de experiencia y seguridad, se debe establecer una enorme confianza para atraerlos a algo nuevo y desconocido. Los datos y las fotografías pueden despertar el interés y los precios pueden ser atractivos, pero no tranquilizan a los clientes cautelosos. No permiten que las personas se imaginen a sí mismas como miembros de una comunidad más amplia de viviendas compartidas y, por extensión, como "locales" dondequiera que vayan.

Las historias, sin embargo, responden preguntas, generan confianza y generan entusiasmo como ninguna otra cosa, siempre que estén bien contadas y con un propósito. Esto significa que el especialista en marketing debe plantearse dos preguntas:

1. ¿Mi historia está diseñada específicamente para resonar en el segmento de mercado al que más deseo llegar?
2. ¿Mi historia es totalmente coherente con la personalidad de mi tatuaje?

Exploramos esas preguntas cuando Rainforest Alliance (RA), que mencioné en el capítulo 5, acudió a nosotros en busca de un nuevo enfoque para la defensa del consumidor. La ONG ambiental quería infundir nueva vida a su campaña anual "Sigue a La Rana", un evento global diseñado para alentar a los consumidores a apoyar un planeta saludable buscando el sello Rana de la RA en los productos cada vez que compran y viajan. Las campañas de años anteriores habían tenido un éxito de corta duración - básicamente, una explosión de actividad en torno a un video de la campaña - y la participación de la audiencia se limitó en gran medida a los ambientalistas centrales. Se nos encomendó la tarea de atraer nuevas audiencias con una campaña que pareciera fresca y personal y que continuará resonando en las mentes y estilos de vida de los consumidores mucho después del evento.

¿Y quiénes eran esas nuevas audiencias a las que queríamos dirigirnos? Es decir, aquellos segmentos de consumidores que conocían la importancia de la sostenibilidad pero que aún no estaban conscientes de todas las acciones que podían tomar personalmente. Como estas personas ya estaban en sintonía con un estilo de vida más sostenible, sabíamos que podíamos contar con ellos para comprender lo fácil y gratificante que era elegir un estilo de vida sostenible. Responderían al llamado a la acción "Sigue a La Rana" y se convertirían en embajadores de la idea.

Entonces, ¿qué tipo de historia necesitábamos contarles? La investigación de mercado reveló que los mensajes del pasado de "hacer el bien" ya no eran efectivos. Decidimos que, en lugar de impulsar el lema "Sigue a La Rana", intentaríamos resaltar el poder del papel del individuo en la defensa cotidiana y presentar esa acción como una elección de estilo de vida. Estos consumidores ya eran líderes, así que nos preguntamos: ¿qué pasaría si le damos la vuelta a la idea de "seguir" y la replanteamos como la forma más proactiva y pionera de ser? ¿El resultado? Nació un nuevo eslogan y una nueva historia: "Soy un Seguidor. Yo sigo a la Rana. Y elijo un planeta saludable".

Esencialmente, replanteamos la historia de promoción para alinearla más con la historia del estilo de vida del consumidor e invitamos al consumidor a participar. "No lo hagas porque se supone que debes hacerlo", dijimos. "Hazlo porque quieres. Hazlo porque es lo que eres. Así son tus amigos. De hecho, eso es lo que somos. Hazlo porque cuando buscas y eliges un producto con el sello Rana, estás mostrando un enorme apoyo a los agricultores que están haciendo todo lo posible para cumplir con los más altos niveles de estándares sostenibles y que claramente comparten tus valores. Hazlo porque cuando sigues a la Rana, te conecta a ti y a tu estilo de vida con un bien común mayor".

Celebramos el lanzamiento de la campaña reinventada de cuarenta países y cuarenta socios corporativos con un evento de la Semana Sigue a La Rana en el Union Square Greenmarket de alta visibilidad y alto impacto en la ciudad de Nueva York. Cada día, hasta medio millón de consumidores en este foro ya estaban pensando en la sostenibilidad y demostrando sus valores fundamentales en sus elecciones de consumo y estilo de vida. ¿Qué mejor lugar, particularmente con un presupuesto sin fines de lucro, para comenzar a difundir información sobre los productos con certificación RA y darle vida a la historia "Soy un Seguidor"?

Al final, "Soy un Seguidor" fue la campaña para consumidores más exitosa de RA hasta la fecha. Participaron más de cincuenta empresas, además de importantes celebridades. Consumidores de más de cuarenta países participaron y la actividad en las redes sociales aumentó un 50 por ciento respecto al año anterior. De hecho, el año siguiente llevamos "Sigue a La Rana" a un nivel aún mayor, ampliando la campaña de una semana a cincuenta y dos.

HISTORIAS PARA EL FUTURO

Hoy en día, los enfoques narrativa basados en datos y tecnología hacen que la conexión con los consumidores sea aún más específica y, por lo tanto, más eficiente. Algunos especialistas en marketing incluso están recurriendo a la inteligencia artificial para ayudarles a redactar textos publicitarios personalizados. Durante 2020/2021, la COVID-19 pareció dar a las personas un tiempo para reflexionar que de otro modo no habrían tenido, impulsándolas a reevaluar lo que realmente les importa y lo que más valoran en la vida. Más de una cuarta parte de los encuestados indicaron que planeaban prestar más atención a lo que consumen y a los efectos generales de sus hábitos de consumo.[22] Esta es exactamente la mentalidad que buscan los tatuajes y crea una gran oportunidad para las empresas que piensan como tal.

La conclusión es que la pandemia creó una oportunidad para que muchas personas reflexionaran sobre su estilo de vida actual, volvieran a priorizar sus valores y adoptaran nuevos hábitos. Y para muchos, el período de reflexión subrayó la importancia de poner mayor énfasis en la salud personal y la salud ambiental a largo plazo. Este sentimiento está

---

22 Jamie Gavin, "One third of consumers now more mindful of the brands they choose," FIPP, 1 de Abril de 2021, https://www.fipp.com/news/one-third-of-consumers-now-more-mindful-of-the-brands-they-choose/.

tan extendido que casi dos tercios de las personas indicaron que sería más probable que patrocinaran empresas que "hagan el bien" a la sociedad, y casi un tercio dijo que estaban dispuestos a pagar más para comprar productos que contribuyeran a la comunidad.[23] Es más, algunas personas esperan que los cambios que hagan - como limitar el desperdicio de alimentos, tomar decisiones más sostenibles, hacer menos viajes de compras y frecuentar las tiendas de barrio - sean cambios permanentes que puedan alterar para siempre el consumo en Estados Unidos.

Es probable que el virus tenga un impacto duradero en el futuro del consumo en tres áreas principales. En primer lugar, seguirá habiendo un aumento acelerado del consumo consciente, que está vinculado a comprar de manera más consciente de los costos y seleccionar opciones sustentables; en segundo lugar, también habrá una mayor demanda de productos de origen local y tiendas comunitarias; y finalmente, los consumidores buscarán productos y servicios que respalden estilos de vida saludables.

Aceptar estas tres preferencias de los consumidores e incorporarlas a su identidad de tatuaje debe ser una parte clave de los modelos comerciales y planes de marketing emergentes para prosperar en el mundo post pandémico. La pandemia permitió a muchas personas centrarse en sus prioridades. También es un buen momento para que los especialistas en marketing hagan lo mismo para asegurarse de poder satisfacer las nuevas prioridades y necesidades de su base de clientes.

---

23   Gavin, "Mindful of the brands they choose."

TU TURNO

1. ¿Qué sentimiento quiere que su cliente asocie con usted?

2. .¿Qué historia puedes contar que provoque ese sentimiento?

3. ¿A qué segmento(s) de mercado le resulta más importante llegar?

4. ¿Cómo puede elaborar su historia específicamente para que resuene en ese o esos segmentos del mercado?

5. ¿Esta historia es totalmente coherente con la personalidad de su tatuaje?

CAPÍTULO 7

IDENTIDAD + INDIVIDUALISMO = AUTENTICIDAD

PIÉNSELO. ¿QUÉ ES un tatuaje sino individual y auténtico? Independientemente de los tatuajes que la gente elija, los eligen porque significan algo para ellos. (Porque saben que estas imágenes no siempre serán solo para significar algo para ellos, pero siempre, de alguna manera, definirá o identificará a ellos.)

Autenticidad es un término que se utiliza con frecuencia en el marketing de hoy en día y es importante. Es especialmente importante para una organización que se esfuerza por identificarse como un tatuaje. Si se quiere ser un tatuaje para que cuando alguien te vea entienda de inmediato quién eres y qué te hace único y auténtico. Quieres que sepan cómo pueden tener una relación contigo que sea igualmente única y auténtica.

Una marca es, una marca. Como dije anteriormente, lo repito: no importa cuántas veces Coca-Cola rehaga su empaque, su identidad es universal y fija.

Un tatuaje, por otro lado, se trata de ser flexible y aceptar la libertad que eso conlleva: la libertad de ser cosas diferentes para diferentes personas, conocer las diferentes necesidades de diferentes personas, satisfacer diferentes deseos de diferentes personas y evocar diferentes sentimientos en diferentes personas, dependiendo de dónde vengan. Diferentes personas reconocen diferentes facetas de tu producto porque eres un tatuaje.

Para aprovechar todo el poder del tatuaje, debe sentirse cómodo con toda esa libertad y flexibilidad. La libertad no es necesariamente fácil ni automática de abrazar plenamente. Sí, existe un riesgo al ser flexible. Si un especialista en marketing no establece reglas y pautas rígidas sobre cómo piensan de usted sus clientes y clientes potenciales, está cediendo el control. Pero he descubierto que cuanto más flexibilidad ofreces, mas fans inteligentes se sienten atraídos y estos son los verdaderamente valiosos.

La flexibilidad también requiere estrategia y previsión y, sobre todo, anteponer la autenticidad. Precisamente de la misma manera que un tatuaje falso o temporal no tiene significado, nunca obtendrá un verdadero compromiso, conversión o lealtad del cliente por tener un tatuaje no auténtico.

PERMANECER FIEL CON USTED MISMO

Entonces, ¿qué significa autenticidad? Básicamente, significa mantenerse fiel a uno mismo y a la historia que cuenta, y al mismo tiempo apreciar la identidad de sus clientes individuales y sus diferentes necesidades. Significa ser honesto acerca de quien es, qué hace y los valores que lo representan.

Si cambia o decide llevar su narrativa en una nueva dirección, también debe reconocerlo. Por ejemplo, piense en cómo Netflix pasó de ser un servicio de alquiler de DVD por correo a convertirse en el estudio de cine y entretenimiento más grande, sin mencionar un reemplazo virtual de la televisión por cable. O cómo YouTube pasó de ser una plataforma de citas con el lema "Sintonízate. Conéctate". a permitir la verdadera descentralización de la producción, distribución y monetización de contenidos. Su producto cambió pero se mantuvo fiel a su concepto central de prestación de servicios.

En el capítulo 3 hablamos de Abraham Maslow y su pirámide de necesidades. Discutimos cómo desde la década de 1940, las necesidades "deficiencias" más primarias de Maslow, como él las llamaba, se han ido satisfaciendo cada vez más fácilmente. En consecuencia, a medida que más y más personas sienten que sus necesidades físicas y de seguridad son atendidas, nuestra afortunada sociedad se da cuenta de que es más rápido dar prioridad a las necesidades que vienen a continuación. Sí, todavía necesitamos comida, agua, refugio y ropa, pero cuando estas necesidades están aseguradas, nos inclinamos hacia la satisfacción de nuestros deseos de respeto, relaciones y estatus. ¿Qué dice cada elección que hacemos sobre nosotros? ¿Cómo reflejan quiénes somos y quiénes queremos ser en última instancia?

Parte de mi objetivo con este libro es ayudarle a simplificar y perfeccionar el mensaje que está dando a sus segmentos de audiencia cuidadosamente definidos. Entonces, incluso si vienen a usted sin saber nada, o peor aún, asumiendo algo erróneo sobre usted, puede aclarar inmediatamente lo que representa y lo que una asociación con usted diría sobre ellos y, por lo tanto, por qué les corresponde elegirte a usted antes que a alguien más.

Por ejemplo, enmarquemos nuestro pensamiento en torno a la campaña de RA "Sigue La Rana" descrita en el capítulo 6. Allí, nos dirigimos a personas que se preocupaban por un estilo de vida consciente que incluyera la sostenibilidad, la justicia social y la idea de que el mundo puede ser un lugar mejor. Una vez que captamos su atención, les hicimos conscientes de una elección fácil y poderosa que podían tomar en su vida cotidiana y que se alineaba con esa identidad y los valores que compartíamos.

"Si ya vas a comprar una barra de chocolate, medio kilo de café o un racimo de plátanos, ¿quieres ser alguien que compra cualquier cosa, sin importar si empeora o no nuestro mundo?" preguntamos. "¿O prefieres elegir 'Sigue La Rana' y comprar algo con el compromiso de ayudar a mejorar el mundo?"

El "conéctate" de la campaña, mostrado anteriormente en la página 94, utilizó psicología inversa. La yuxtaposición del lema "Soy un seguidor" con imágenes irónicas de personajes poderosos, independientes y felizmente inconformes creó una tensión sorprendente y divertida que se desarrolló a lo largo de una serie de ejecuciones. Utilizando personajes que resonaron entre diversas audiencias en todo el mundo, la campaña se tradujo fácilmente en todos los medios y tipos de audiencia, socios corporativos y no corporativos, mercados generales y específicos por igual, y se mantuvo auténtica a la identidad de RA.

En nuestra sociedad, las personas gastan su dinero y su tiempo de maneras que expresan sus personalidades y sus múltiples identidades: género, raza, etnia, nacionalidad, religión, idioma, orientación sexual, educación y carrera, por nombrar algunas. Queríamos que nuestra campaña "Sigue La Rana" dejará claro que al elegir productos certificados por RA y patrocinar empresas certificadas por RA, los clientes expresaban su identidad de la misma manera que lo harían si se hicieran un tatuaje. "Es su dinero y su elección", le enviamos un mensaje. "Nadie te está obligando. Puedes seguirnos y al mismo tiempo ser tú al 100 por ciento."

Y nadie dice tampoco que no tenga espacio para más de un tatuaje, cada uno relacionado con algo que contribuye a su personalidad. La cerveza Dos Equis transmitió ese mensaje con su campaña "El hombre más interesante del mundo", que se desarrolló entre 2006 y 2018. Dos Equis entendió la suposición habitual con respecto a los bebedores de cerveza y sus estilos de vida: son menos sofisticados y más informales. Al mismo tiempo, notaron cuánta tracción estaban ganando las cervecerías artesanales nacionales sobre las cervezas importadas en los mercados estadounidenses. Entonces Dos Equis reajustó la percepción convencional y tomó un camino contrario al de la mayoría de los anunciantes. En lugar de presentar a Dos Equis como el tipo de cerveza para beber en el juego de pelota o mientras prepara hamburguesas o con un grupo de veinteañeros en la playa, los especialistas en marketing dieron un giro a la idea de lo que es la cerveza. "La cerveza es una opción perfectamente civilizada", dijeron, "especialmente si es de alta calidad y estás de humor".

Las cervezas convencionales defendieron en todas partes la necesidad de seleccionar una sola marca, ceñirse a ella y beber tanto como fuera posible. Dos Equis astutamente propuso que "si eres una persona, sofisticada, inteligente y auténtica, te damos permiso para tomarte un descanso del vino y el whisky y, cuando te apetezca, probar nuestra cerveza. "

"No siempre bebo cerveza, pero cuando lo hago prefiero Dos Equis", declaró su protagonista de setenta y tantos años, curtido pero elegante, después de una serie de escenas hiperbólicas de proezas. Dejó en claro que Dos Equis realmente no se tomaba a sí mismos en serio. Al final del día, Dos Equis reconoció que una cerveza es sólo eso: una cerveza. La autenticidad funcionó. Las ventas de Dos Equis aumentaron casi un veinte por ciento, mientras que las ventas generales de cerveza importada cayeron.

Joe's es otro ejemplo de una organización que pone la autenticidad en primer plano. No son una tienda de comestibles a gran escala. No se pueden conseguir todos los artículos que un hogar necesita allí y ellos no fingen que es posible. En cambio, el mensaje de Joe dice que entienden que las personas tienen diferentes dimensiones, aprecian esta diversidad y aceptan el desafío de satisfacer necesidades tan dispares.

Saben que no es raro que las personas que viven cerca de Joe's coman alimentos de cuatro continentes diferentes en una semana, por lo que los alimentos internacionales llenan sus pasillos. Y saben que el hecho de que alguien coma alimentos congelados o preparados un día no significa que no quiera comer alimentos frescos al día siguiente, o incluso el mismo día. Tampoco suponen que tener favoritos probados y verdaderos les impide experimentar con cosas nuevas, especialmente si son relativamente económicas. Esa presunción permite a Joe's introducir nuevos artículos y probar productos a voluntad, eliminar rápidamente los fracasos de la rotación y recuperar los favoritos de los fanáticos.

¿Y qué han encontrado? Que al alinearse tan fuertemente con las personalidades y la individualidad de los clientes, ellos esperarán en las colas de caja que serpentean por la tienda. Whole Foods, por otro lado, sabe que si no ofrecen líneas de pago rápidas y eficientes, los clientes buscarán alternativas más convenientes y económicas.

INDIVIDUALIDAD

Enviar mensajes con autenticidad y hablar con la individualidad del cliente es esencial. Tomemos como ejemplo los Crocs. Desde su fundación en 2002, han demostrado ser un gran ejemplo de cómo establecer y adoptar una identidad coherente y auténtica y, al mismo tiempo, ser lo suficientemente ágiles para adaptarse a las condiciones y expectativas cambiantes. Están dedicados a escuchar a sus clientes y satisfacer sus necesidades con individualidad y comodidad.

En el segundo trimestre de 2020, cuando la mayoría de las empresas estadounidenses se contrajeron a raíz de la pandemia de COVID-19, el negocio del calzado casual en realidad se disparó y el precio de sus acciones subió. ¿Cómo? Al identificar cómo sus zapatos conectaban con sus clientes. Rápidamente se alejaron de las ventas minoristas y se inclinaron hacia las ventas directas al consumidor. Se centraron en promover el individualismo y la comodidad que siempre habían sido su núcleo. También promovieron una conexión ya establecida con la industria de la salud y los trabajadores de primera línea, donando 680 mil pares de zapatos. Esto no sólo generó buena voluntad y los humanizó como organización, sino que también atrajo a muchos clientes, nuevos y antiguos, a su sitio web.

Comodidad, curiosidad, espontaneidad, individualidad, comodidad. Estas no son sólo las necesidades de los consumidores que estas organizaciones intentan comercializar; demuestran que saben cómo se sienten sus clientes y también cómo se sienten con sus Crocs. Eso es lo que realmente significa autenticidad. Cuando su objetivo es apelar a lo que le importa a otra persona e inspirar verdadera lealtad, el primer paso es ser fiel a sus propios valores y misión y transmitir claramente esa identidad.

Imaginemos un ejemplo de impacto social: una botella de agua reutilizable, por ejemplo. ¿Por qué la gente los usa cada vez más cuando cada gimnasio y tienda vende una marca- si no decenas de marcas - de agua embotellada de plástico, muy conveniente y muy desechable? Porque la gente se ha vuelto más consciente del impacto que tiene producir y desechar todo ese plástico en el planeta. Entonces, si bien todo el mundo quiere una botella de agua reutilizable que tenga un buen tamaño, que luzca elegante y que combine con su mochila o bolsa de gimnasia - y todas las botellas de agua tienen como objetivo satisfacer esas necesidades

-, ¿en cuál de las muchas opciones cree que alguien preferiría invertir? ¿Una botella en la que parte de la historia es que el fundador fundó la empresa gracias a su propio compromiso con la sostenibilidad? ¿O una que tenga que ver con el estilo y no mucho más? Por supuesto, mucha gente podría probar ambas. Pero el cliente leal, el que regresa cuando necesita una botella nueva o se embarca en una nueva aventura que requiere un nuevo tamaño o característica - o tal vez cuando quiere hacer un regalo - es quien siente esa verdadera conexión con el fundador y la identidad que han llegado a compartir.

O tal vez sea una salsa picante excepcional y sabrosa que carece del conocimiento de mercado de una marca importante como Tabasco o Frank's. Naturalmente, querrá arrebatar parte de esa participación de mercado a tus competidores, pero simplemente decir que es otra salsa picante no funcionará. Tampoco lo es decir que es más picante, porque por elección propia, en realidad no lo es. En ese caso, debe dejar muy claro que no estás ahí solo para ser el más picante o para darle un toque especial. Se debe promover el hecho que distingue a su misión: se está creando una salsa picante para que la comida sepa mejor, no para adormecer la boca de alguien. Es posible que no convierta a todos los consumidores de las principales marcas, pero a través de esta identidad centrada en el sabor, se puede crear una demanda adicional de aquellos que buscan algo más que picante, tal vez incluso de aquellos que nunca antes consideraron usar salsa picante.

De hecho, a qué le agregan sabor las personas y cómo lo agregan es una elección muy personal, basada en todo, desde los antecedentes individuales hasta las papilas gustativas de una persona e incluso su cerebro. Lo que es mucho más universal es el hecho de que a casi todo el mundo le gusta el sabor. Y a diferencia de la salsa picante "flaminosa", les complacerá saber que su salsa no les quitará el sabor.

Por lo tanto, primer paso: generar interés en aquellas personas más abiertas a nuevos sabores dándoles a conocer todas las formas en que pueden experimentar tu salsa picante. No importa cuán elegante quiera ser una persona, o cuán relajada e informal se sienta, sea quien sea, coma lo que coma, déjele claro que puede contar con usted para que siempre le proporcione exactamente lo que necesita. Después de todo, la forma en que comemos nos define, ya sea consciente o inconscientemente, al igual que el lugar donde vivimos, dónde compramos, qué vestimos. Y si su salsa puede alinearse auténticamente con ese sentido de identidad e individualidad, puede convertir a un cliente interesado. Se lo contarán a dos amigos, quienes se lo contarán a dos amigos, y así sucesivamente.

La belleza de un tatuaje a diferencia de una marca es este tipo de flexibilidad. Un tatuaje tiene la capacidad de permitir que las personas vengan de cualquier lugar y experimenten su producto de una manera única para ellos.

Naturalmente, convencer a los clientes de esta flexibilidad requiere una enorme claridad en los mensajes. Este es el tipo de mensaje que se ve, por ejemplo, en Shark Tank, el reality show en el que los emprendedores intentan llevar sus productos al siguiente nivel presentando sus ideas a cinco "titanes de la industria" quienes ellos mismos que alguna vez fueron pequeñas se convirtieron en imperios prósperos.

Al igual que los tatuajes, muchos de estos competidores tienen personalidades muy identificables. De la misma manera que hay jueces arquetípicos judges - "The Devil's Advocate," "The Stern Principal," "Your Favorite Aunt or Uncle," and "The Numbers Guy" - también hay un puñado de arquetipos de concursantes que rotan a lo largo de cada episodio. A menudo representan pequeñas y medianas empresas ambiciosas que buscan crecer, los inventores conmovedores que vieron un problema y encontraron una solución mejor.

El fundador es en gran medida la historia del negocio. Comprender y creer en la historia de ese fundador es un factor considerable en la decisión de un juez. Ya sea que el juez sea del tipo benéfico que busca a alguien en quien ve "algo" o del tipo alfa que se concentra en encontrar una oportunidad para ganar dinero y dominar, depende del concursante asegurarse de que su identidad se refleje alto y claro y resuena con al menos un juez.

Claro, la comerciabilidad, la practicidad y la preparación general también son esenciales para obtener ganancias. Pero a lo largo de sus más de diez temporadas, Shark Tank ha demostrado sobre todo que si el cliente - en este caso, un juez - cree en el fundador y en la conexión auténtica del fundador con el servicio que presta, su interés en contribuir al éxito de ese empresa del fundador se vuelve significativamente más real y urgente.

En pocas palabras, como en cualquier relación, una parte importante del éxito depende de una química simple y auténtica entre las personas. Un fundador es el espíritu de un tatuaje. Necesitan aceptar eso. Nunca olvide que antes y después de todo, la autenticidad es la razón por la que a la gente le importa.

TU TURNO

1. ¿Cuáles son tus tres valores fundamentales principales?

2. ¿Cómo puede utilizar las 4 P: producto, precio, punto de venta y promoción - para transmitir y reforzar cada uno de estos valores?

Marketing Mix	¿Cómo funciona cada una de las 4 P para conectar con cada uno de mis valores fundamentales??
Producto	
Punto de venta	
Precio	
Promoción	

CAPÍTULO 8

IMANES, NO ESPEJOS

PREGUNTA BREVE: ¿LE suena el nombre Arvo Pärt?

¿ Su respuesta fue negativa?

No se preocupe; no está solo. A pesar de que Pärt ha ganado dos premios Grammy y se encuentra entre los compositores clásicos más interpretados del mundo - su trabajo aparece en casi un centenar de bandas sonoras - , es cierto que su nombre está lejos de ser un nombre familiar. Ese fue precisamente el problema que enfrentamos en 2014, cuando el igualmente discreto Seminario Teológico Ortodoxo St. Vladimir en Yonkers, Nueva York, acudió a nosotros. Querían que promoviéramos un concierto emblemático de la obra de Pärt planeado para el Carnegie Hall - una de las salas de conciertos más grandes del país.

Tarea de enormes proporciones, ¿eh?

Bueno, hicimos lo que siempre hacemos y lo que he estado defendiendo a lo largo de este libro: adoptamos el enfoque del tatuaje. Viendo a Pärt como un tatuaje, no como una marca, ajustamos nuestras velas y buscamos captar el tipo correcto de viento dinámico. En lugar de reflejar algo familiar a los clientes potenciales - o mostrarles un espejo - , buscamos imanes para atraer a más personas.

LOS ESPEJOS SON PARA LAS MARCAS

Como he sugerido antes, se necesita mucho más para alcanzar los objetivos de misión y ventas de nuestros clientes que simplemente poner un espejo en su identidad - en este caso, el concierto de Arvo Pärt - y esperar que una audiencia completa de personas asuma la responsabilidad, esa misma identidad y saltar a bordo. Sin embargo, una y otra vez, consciente o inconscientemente, los especialistas en marketing cometen este error. Debido a que ven y realmente valoran una determinada esencia o sustancia en sí mismos, suponen que esa esencia o sustancia es el único beneficio que atraerá también a todos y cada uno de los clientes potenciales.

En otras palabras, funcionan como "espejos", reflejando o proyectando obstinadamente su propia perspectiva en el público. Y si bien el enfoque del espejo - o la mentalidad de "constrúyelo y ellos vendrán" - puede ser común entre las marcas, rara vez es una estrategia exitosa para los tatuajes.

Básicamente, todo el mundo tiene múltiples ángulos o imanes para inspirar a personas inteligentes y curiosas a actuar o probar algo nuevo. Pensar como un tatuaje significa identificar los diversos beneficios que atraerán a los segmentos de audiencia que usted ha determinado que son los más significativos o prometedores.

Para ser claros, el concepto de "espejos, no imanes" no es nuevo; el término ha sido utilizado por los especialistas en marketing desde hace un tiempo y con razón. Es una vívida analogía de la forma en que las empresas interactúan con el público. Un espejo refleja a sus clientes cómo se ve esa organización a sí misma. No presta mucha atención a cómo podría atraer a diferentes clientes.

Tomemos como ejemplo el de Tiffany. Una marca establecida con un "look" característico hasta en la paleta de colores, que transmite una sensación muy distinta. En el clásico estilo espejo, la publicidad de Tiffany transmite: "Esto es lo que somos. Y, si tienes suerte, esto es lo que puedes ser". Puedes tomar ese mensaje o dejarlo. Y si no estás preparado para ello hoy, no te preocupes; estará aquí para ti mañana exactamente de la misma manera.

Sin embargo, esto no funciona tan bien para productos más complejos y distintivos, aquellos que no tienen el beneficio de ser tan omnipresentes como para que su imagen ya esté forjada en el cerebro del público o que no tengan los vastos recursos necesarios para crear conciencia. En otras palabras, como habrá adivinado, el enfoque del espejo no funciona tan bien para los tatuajes.

Se requieren imanes.

IDENTIFIQUE A SU MERCADO

Entonces, ¿cómo conseguimos atraer patrocinadores al concierto de Arvo Pärt? Primero, nos centramos en el UX, la flexibilidad y, sobre todo, la autenticidad como nuestros principios esenciales. Estoy seguro de que a estas alturas ya puede adivinar hacia dónde fuimos desde allí. La flexibilidad que podíamos tener dependía del tipo de tatuaje con el que estuviéramos tratando. ¿Qué Ps podríamos aprovechar? Se fijó el Punto de venta, al igual que el Producto (el lugar, el programa, la hora). Sin duda, vender el Carnegie Hall fue una gran petición, pero también era parte integral de la talla que los productores querían transmitir y la experiencia que querían que tuviera el usuario/audiencia. El Precio y la Promoción, por otro lado, eran definitivamente opciones, y ahí es donde decidimos centrar nuestro marketing mix de tatuajes personalizados.

"¿Quién es nuestro mercado?" preguntamos a continuación. O, más específicamente, ¿qué segmentos de mercado estaban potencialmente esperando ser involucrados? ¿Cuál es la mejor manera de llegar a ellos y motivarlos a venir? ¿Qué "problemas" tenían cada uno de ellos que podríamos trabajar para persuadirlos de que podíamos resolver?

Como siempre lo hacemos, buscamos orientación en el análisis de SNOW, dividiendo los segmentos de audiencia disponibles en aquellos que son Supuestos a, Necesitan, Obligados a y Desean experimentar lo que usted tiene para ofrecer.

Sabíamos que no había suficiente gente para llenar el Carnegie Hall con solo decirle a la gente de del público del producto Necesario que

Arvo Pärt iba a dirigir en el Auditorio Stern por una noche. Eso funcionaría para una estrella del pop, pero para Pärt también teníamos que dirigirnos a los Supuestos - aquellos con estilos de vida modernos que eran lo suficientemente aventureros como para experimentar algo diferente que aumentaría su mística.

Cuando mi equipo y yo nos reunimos con los dirigentes del seminario que presentaban el concierto, quedó claro que todavía no habían considerado el problema matemático de llenar la sala de conciertos para la actuación de un distinguido, prolífico y algo desconocido compositor de Estonia. Sin embargo, tan pronto como hicimos un recuento de los profesores, estudiantes y administradores del seminario que estaban obligados a asistir, quedó claro que asumir el enfoque tradicional de "compositor-fecha-lugar" para la publicidad impulsada por las estrellas de Necesario- el enfoque espejo - sería temerario. Simplemente no alcanzaría ni conectaría con suficientes personas para llenar los asientos restantes.

ELEGIR LOS IMANES ADECUADOS

En última instancia, identificamos tres segmentos de audiencia clave que podríamos atraer al concierto a través del enfoque magnético: la comunidad Estonia, algunos que necesitaban apoyar a un hijo predilecto y algunos que estaban afiliados al seminario y también los Obligados a ir; aficionados a la música clásica que eran Supuestos y Desean ir a un evento cultural importante; y finalmente, consumidores regionales tradicionales y culturalmente activos que tienen motivaciones similares impulsadas por estilos de vida curiosos y centrados en la música. Con esos datos demográficos como guía, adaptamos los medios y las comunicaciones creativas para atraer a cada segmento de audiencia.

Imán #1

El contacto directo con la comunidad Ortodoxa de Estonia a través del Seminario y la Embajada se produjo a través de una carta sencilla y elegante del seminario que se centró en la conexión cultural y patrimonial que compartían. Este enfoque tenía un coste extremadamente bajo y era muy eficaz, ya que los activos estaban al alcance de la mano.

Imán #2

Para llegar a las personas culturalmente activas, utilizamos la copia, "Feel the World Stand Still", una cita extraída de una entrevista algo oscura de 2010 con Pärt que habla de la experiencia trascendente de escuchar su música. Distribuimos este mensaje por correo directo, radio terrestre y podcasts, y copias impresas específicas para aclarar el beneficio emocional de asistir al concierto. Después de todo, razoné, ¿qué persona urbana, sobreestimulada y pensante no querría venir al concierto y sentir que el mundo se detiene por un rato? Además, la extraordinaria firma de relaciones públicas Shuman Associates, dirigida por Constance Shuman, logró publicar varios artículos extensos en los principales medios de prensa, alimentando el poder de los medios ganados a medida que se acercaba el concierto.

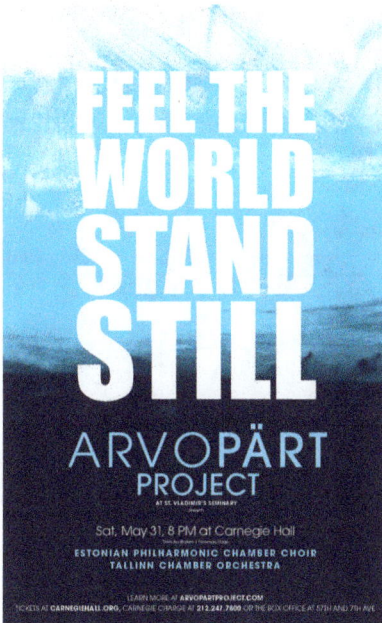

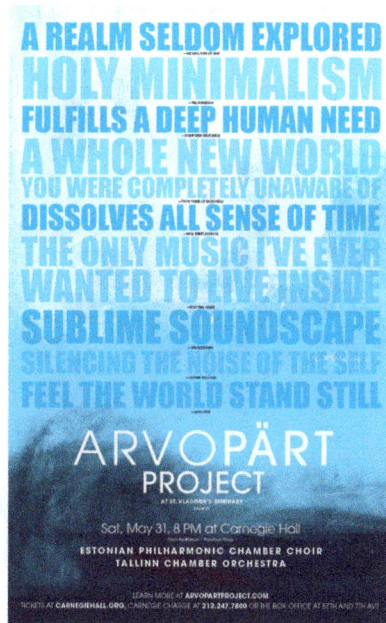

Imán #3

Identificamos el tercer segmento de audiencia, el convencional, como amantes de la música de cualquier género, con la idea de que si amas la música, te encantará Arvo Pärt. Utilizando citas de músicos convencionales como Björk, Thom Yorke de Radiohead, Michael Stipe de R.E.M., Nick Cave y otros, mostramos cómo experimentar el trabajo de Pärt resonó en estos creadores de música contemporánea. Difundimos estos mensajes a través de una campaña publicitaria de tránsito y al aire libre de alcance masivo relativamente asequible, así como a través de anuncios en línea dirigidos al grupo demográfico menor de treinta y cinco años. Como escribieron Motherboard/Vice Magazine, estos anuncios "presentaban un hermoso diseño y grandes citas de personas como Thom Yorke cantando alabanzas a Pärt".

Los costos de alquilar el Carnegie Hall no eran insignificantes, sin mencionar los gastos generales que implicaría la actuación con una orquesta y un coro completos, así como el personal sindical necesario detrás del escenario. Para agotar las entradas del Carnegie Hall, algunas personas pensaron que el precio de la entrada tendría que ser manipulado drásticamente y las entradas con grandes descuentos, sacrificando ingresos a cambio de una exposición y participación máximas. Pero no lo vimos así.

No queríamos cobrar de más, pero nadie quiere cobrar de menos tampoco. Con más análisis de SNOW, presentamos nuestro caso. Sabíamos que las personas que estaban Obligados a asistir al concierto pagarían lo que se les pidiera porque simplemente tenían que estar allí. Utilizamos el marketing mix y la interacción entre los medios propios, ganados y pagos para fijar el precio del resto del inventario de entradas, en función de la velocidad a la que se vendieron.

Sólo el seminario podía decidir el precio máximo para sus fideicomisarios y otras partes interesadas, pero nosotros pudimos indicar qué precios eran normales o estaban dentro de lo razonable en el mundo de los conciertos, basándonos en nuestra investigación, experiencia e instintos.

En todos los mercados existen puntos límite en los que los consumidores decidirán si vale la pena comprar algo. Hay una diferencia, por ejemplo, entre un almuerzo especial de $9,99 y un almuerzo de $15,00, tenga sentido o no. Los estudios han demostrado que el consumidor promedio comienza a sentir que cualquier almuerzo con un precio superior a diez dólares está fuera de su presupuesto o se siente más extravagante de lo que debería sentirse un almuerzo diario sin gastos. Lo mismo ocurre con el aperitivo, el plato principal y el postre para la cena; los comensales llegan a un menú con un presupuesto y ciertas expectativas en mente. Y esto se aplica a la mayoría de las áreas del consumismo, desde los precios de las viviendas hasta los automóviles y las zapatillas de deporte, donde el mercado juega un papel importante en la fijación del precio.

Por lo tanto, alentamos al proyecto Arvo Pärt a establecer un costo de boleto basado en el mercado y solo implementar precios dinámicos según sea necesario. Sentimos que promocionar la naturaleza sin precedentes de la actuación como un evento único en la vida sería suficiente para alentar a la gente a comprar rápidamente y al precio completo.

Y nosotros teníamos razón.

A pesar de los altos precios de las entradas, el Auditorio Stern no sólo se agotó semanas antes de la fecha del concierto sin precio dinámico, sino que se convirtió en el concierto de música clásica más concurrido en el Carnegie Hall ese año. Y nuestras opciones de marketing también lograron con éxito nuestro segundo objetivo: aumentar el conocimiento del trabajo de Pärt en diversos segmentos de audiencia. Asistió una mezcla ecléctica de millennials, clérigos estonios, celebridades y asistentes al concierto de Nueva York.

LOS IMANES SON UNA MESA ADAPTATIVA, COMO LOS TATUAJES

A veces, un gran enfoque ya no funciona, por lo que es necesario reconsiderar su imán. Cuando cofundé la plataforma de transmisión de arte LOGE, que se mencionó anteriormente en el Capítulo 2 sobre UX, en 2020, adopté el mismo enfoque magnético que había funcionado anteriormente para aumentar los ingresos y la asistencia de nuestros clientes culturales. Lo reformulé dentro del espacio virtual perturbado precipitado por la pandemia de COVID-19. Hasta que llegó la pandemia, las instituciones artísticas siempre se habían centrado en llevar a la gente al espacio físico. De repente, las personas que todavía valoraban y necesitaban ese contenido y esa comunidad, no estaban dispuestas o no podían ingresar a ese espacio. Entonces, ¿cómo podríamos hacer que sea lo más fácil posible para alguien mantener su interés y lealtad hasta que mejore la comodidad y el factor de seguridad de la asistencia en persona? ¿Cómo podríamos construir de manera innovadora una relación que ya estaba funcionando y permitir que esa relación continúe durante la pandemia?

La gente ya compartía contenido seleccionado, por lo que sabíamos que el modelo de transmisión nos resultaba familiar y funcionó.

De hecho, el streaming representó al menos el 25 por ciento de toda la audiencia televisiva. Decidimos crear una plataforma que permitiera específicamente la participación, el muestreo y el patrocinio del arte contemporáneo desde la distancia ahora y siempre. También queríamos que proporcionara una manera fácil de comprar entradas para eventos en persona cuando finalmente regresará ese momento.

Como siempre, el producto o contenido cultural real era lo que fundamentalmente importaba y necesitaba ser centralizado. Pero lo que LOGE pudo hacer, y ninguna otra plataforma de streaming todavía pudo hacer, fue hacer que ese contenido cultural fuera mucho más amplio y accesible de lo que nunca podría haber sido antes. LOGE proporciona acceso inmediato a una dimensión completamente diferente de contenido y valor. Basado completamente en lo que usted, el visitante, elige, así como en lo que sugiere nuestro algoritmo, LOGE cuenta una historia completa e invita al espectador a ser parte de ella. No se limita a ofrecer un producto para consumir.

Digamos, por ejemplo, que ha sido patrocinador del Dallas Black Dance Theatre (DBDT). Tan pronto como abre la aplicación LOGE en su Smart TV, el contenido del teatro está allí, su repertorio está disponible bajo demanda junto con información sobre los artistas y antecedentes contextuales a través de un video proporcionado por DBDT. ¿Le gustaría conocer la historia de vida del solista? ¿O cómo conceptualizó el coreógrafo una pieza en particular? ¿O la inspiración para el vestuario? Los espectadores pueden sumergirse tan profundamente en los videos proporcionados por DBDT como lo permita su curiosidad. Y si simplemente quieren ver actuar a los bailarines o escucharlo de fondo mientras trabajan o se relajan, tal vez con una taza de café o una copa de vino, según su estado de ánimo, también está bien.

No importa qué tipo de tatuaje tenga, pensar en una variedad de posibles escenarios magnéticos distintos le ayuda a recordar que es más de lo que parece su producto, más de lo que está en su folleto, más de lo que hay en su sitio web. Es más que otra cosa nueva que el público puede aceptar y, con suerte, adoptar. Usted es una de las muchas elecciones potenciales de estilo de vida realizadas por los clientes que no lo definen a usted sino a ellos.

"Pero Clint", podrías decir, "¿no va esto en contra de tu argumento de que un tatuaje debe, sobre todo, ser fiel a sí mismo?"

No, de hecho. Para nada. Su identidad y autenticidad pueden y deben ser parte de tu atractivo magnético. Lo que le pido que haga es simplemente recordar que su cliente no es usted. Tienen personalidades a las que también deben ser fieles. Mientras más personas puedan seguir sintiéndose como ellas mismas al interactuar con usted, más cómodos y, en última instancia, más leales serán esos clientes a su producto.

En mi trabajo con instituciones culturales, a menudo pongo tanto al Museo Metropolitano como la Ópera Metropolitana como ejemplos de espejos. Quizás puedan permitirse el lujo del enfoque espejo porque, en muchos sentidos, realmente son marcas. El primero, por supuesto, es un lugar donde se encuentran colgadas muchas de las obras de arte más famosas del mundo; este último, un escenario venerable donde se representa ópera al más alto nivel. Sin duda, las experiencias que prometen son auténticas. Sin embargo, generalmente son unidimensionales, comenzando por la forma en que se presentan en sus materiales de comunicación y marketing.

Por ejemplo, los carteles y el sitio web de la Ópera Metropolitana asumen que usted sabe mucho sobre compositores, cantantes, diseñadores de iluminación, directores, etc. Asumen que usted está buscando fechas de presentación y que esos datos son suficientes argumentos de venta para usted. Y es posible que lo sean, si ya es un aficionado a la ópera y tiene una velada libre en particular. Pero si no está muy familiarizado con la ópera, hay pocas posibilidades de que este tipo de mensajes te lleguen o resuenen en usted. Como espejo, el marketing del Met simplemente refleja su producto de una manera más ruidosa y pública. Comparte información pero no emoción o compromiso, suponiendo que un aspecto importante de la experiencia que busca es simplemente el Producto en sí: interactuar con ciertos virtuosos en sus respectivos campos. ¿Profundiza el interés incipiente o lo invita a ver su Producto de una manera nueva e intrigante?

No. Y no lo intenta.

¿Convierte una cuota de mercado sin explotar?

Teniendo en cuenta que a finales de 2019, la institución de 137 años cuyo presupuesto está financiado en un 50 por ciento por filantropía tenía déficits, parece que no es así. De hecho, pocas organizaciones, incluso instituciones culturales icónicas, pueden esperar un retorno de la inversión hoy en día si asumen que su arte significa una cosa y sólo una cosa para el público. Sin embargo, es casi instintivo que las organizaciones muestren un espejo de esta manera y digan: "Esto es lo que somos, y es por eso que somos interesantes, y es por eso que deberíamos ser importantes para ustedes". Especialmente en el arte y la cultura, así como en los productos de lujo, esta tendencia hacia la exclusividad está muy extendida. En lugar de ofrecer al cliente un producto o una experiencia que pueda abordar desde su propia perspectiva y adaptarla a su estilo de vida en consecuencia, se espera que los clientes se ajusten a las expectativas del producto y la experiencia.

Pensándolo de otra manera, una organización situada en un espejo es como un bar clandestino exclusivo con una única puerta vigilada. Un imán, por otro lado, es como una gran carpa para fiestas, a la que se puede acceder fácilmente desde cualquier lado por el que entre.

Algunas marcas tienen diferentes imanes potenciales y los utilizan con éxito. Los fabricantes de automóviles ofrecen diferentes líneas y modelos, por ejemplo, que comercializan de diferentes maneras para atraer a diferentes estilos de vida y motivaciones. Sin embargo, todavía parecen en gran medida satisfechos con las entidades unidimensionales de esas submarcas individuales y con anunciar un modelo (por ejemplo, un camión) durante un partido del lunes por la noche que es visto por la misma cantidad de personas que están buscando un auto deportivo o un minivan.

Luego está el Metropolitan Opera House. Independientemente de su amplia línea de productos (la variedad de actuaciones que ofrecen), no tuvieron en cuenta los imanes disponibles para ellos. No intentan mantener el interés en algo mucho más no esencial y discrecional que la apreciación de la ópera de alto nivel. Como resultado, usted, el ingenuo de la ópera, tal vez nunca llegue a la ópera si el espejo que se sostiene en alto no resuena con sus intereses y estilo de vida.

Por supuesto, se necesita un esfuerzo concertado y flexibilidad para introducirse en la mentalidad y el estilo de vida del público de esta manera y reconocer ante cada uno de ellos que no es una sola cosa. En realidad es muchas cosas. Hay muchas formas en las que es interesante y puede encajar en su mundo. Puede servir para múltiples propósitos. Lo que tiene para ofrecer es mucho más que un producto o servicio, es una oportunidad extraordinaria para atraer clientes a nivel emocional.

Combine esta mentalidad de imán con toda la tarea establecida anteriormente: el análisis SNOW, la Segmentación Inteligente y la marketing mix de las 4Ps. Agregue una visión clara de su objetivo, ya sea generar conciencia, ampliar una audiencia o impulsar la demanda de un producto, y el escenario estará listo para una campaña eficiente e impactante.

Las campañas que creamos para el grupo de música de cámara y The Phillips Collection, que describí en capítulos anteriores, tuvieron éxito porque celebraban el Producto como parte de un estilo de vida más amplio y convincente. Entendimos que el público necesitaba una razón no sólo para venir, sino también para estar interesado en primer lugar. Necesitaban un imán, no un espejo que simplemente refleja información estática y esperará que la gente lo viera y le importara. Presentar sus productos o servicios como un imán los coloca en el contexto de la vida de los clientes. Es la diferencia entre simplemente apreciar una imagen y conectarte con una tan profundamente que quieres tatuarla. Esto genera preguntas como: "¿Cómo se relaciona esto conmigo personalmente? ¿Cómo puedo conectarme con él y hacerlo parte de mí?

Por ejemplo, las grandes ciudades ofrecen entradas a numerosos estilos de vida. Puedes mudarte a la ciudad de Nueva York, vivir en un apartamento sin cita previa con cinco compañeros de cuarto en Queens y experimentar la ciudad de una manera que se adapte a sus recursos y necesidades en ese momento. También puede tener una casa adosada en el Upper East Side con comodidades exclusivas. Cada estilo de vida refleja los recursos, prioridades y valores individuales. Misma ciudad pero diferentes barrios; la vida se vivió de diferentes maneras.

Para algunos de nuestros clientes, crear un imán significa crear un entorno social, como el happy hour del museo de The Phillips Collection, "Phillips después de las 5". Para otros, los imanes atraen interacciones en línea a través de aplicaciones altamente sociales. Un imán podría tomar la forma de un club de jóvenes patrocinadores o un boletín informativo por correo electrónico que comparta noticias de la comunidad. Puede aparecer en campañas que incorporan narraciones, como lo hicieron las de Rainforest Alliance, Land Rover y Airbnb.

El mismo enfoque magnético se puede aplicar a cualquier producto o servicio, a empresas pequeñas y medianas y también a las grandes. En cualquiera de esos casos, los beneficios para los consumidores pueden tener diversos costos, duraciones y puntos de distribución. Incluso Target, una cadena minorista nacional multimillonaria, ha buscado formas de ser más que una megatienda suburbana de 130.000 pies cuadrados. Tiene que conectarse con un tipo diferente de usuario con un tipo diferente de agenda y rutina. Sus tiendas Target de pequeño formato (originalmente CityTarget y TargetExpress) son una fracción del tamaño de las Target tradicionales y venden una fracción del inventario en paquetes más pequeños. Están dirigidos a clientes que viajan en autobús, tren y a pie, en lugar de en vehículos todoterreno, y que prefieren hacer recados después del trabajo para dejar sus fines de semana libres. Estos clientes no quieren pasar horas deambulando por pasillos interminables empujando carritos de compras del tamaño de un tanque, pero aun así valoran el precio y el estilo vanguardista por el que Target es conocido.

Como mencioné, la pandemia de COVID-19 resultó en un cambio profundo en las actitudes y comportamientos de los consumidores, desde la forma en que las personas trabajan y aprenden hasta los productos que usan y compran. Casi dos tercios de las personas indican que sería más probable que patrocinen empresas que "hagan el bien" a la sociedad, y casi un tercio está dispuesto a pagar más por productos que contribuyan a la comunidad.[24] La pandemia será recordada por muchas cosas, por supuesto, pero entre ellas como el punto de inflexión para la adopción generalizada de hábitos más sostenibles a escala nacional.

Incluso antes de la COVID-19, la demanda de los consumidores de energía renovable y sostenibilidad había ido creciendo.[25] Más de las tres cuartas partes de los estadounidenses expresaron su deseo de aprender a vivir de manera más sostenible. Casi la mitad de la población indica que estaría dispuesta a pagar un poco más por energías renovables.[26] Los incendios forestales en el Oeste Americano, la mayor frecuencia y fuerza de los huracanes en el sur y el este, y el ciclo sequía-inundación-sequía-inundación en el Medio Oeste (sin duda todo resultado del calentamiento global) han fortalecido la determinación del público. Para prosperar en el mercado post pandémico, adoptar y apelar a estas preferencias de los consumidores debe ser una parte clave de los modelos comerciales y planes de marketing emergentes.

Incluso con un producto aparentemente tan ubicuo e imposible de tatuar como los huevos, un tatuaje puede responder a preferencias cambiantes de los consumidores como estas y aprovechar cambios en el comportamiento. Comercializar huevos orgánicos, criados en libertad y colectivos de agricultores locales a 8 dólares la docena podría haber sido un desafío en días anteriores. Tradicionalmente, el marketing habría creado conciencia sobre el impacto positivo de su producto en el punto de compra, tal vez a través de muestras o un discurso de venta en la tienda. Sin embargo, la empresa de huevos con la que trabajamos sabía que su cliente

---

24   Ryan Rudominer, "Corporate Social Responsibility Matters: Ignore Millennials at Your Peril," HuffPost, 5 de Febrero de 2016, actualizado el 6 diciembre de 2017, https://www.huffpost.com/entry/corporate-social-responsi_9_b_9155670.

25   James Ellsoor, "77% Of People Want To Learn How To Live More Sustainably," Forbes, July 23, 2019, https://www.forbes.com/sites/jamesellsmoor/2019/07/23/77-of-people-want-to-learn-how-to-live-more-sustainably/#69a20f2e2b01.

26   Abel Gustafson, Matthew Goldberg, Seth Rosenthal, John Kotcher, Edward Maibach y Anthony Leiserowitz, "Who is willing to pay more for renewable energy," Programa de Comunicación sobre el Cambio Climático de Yale, 16 de julio de 2019, https://climatecommunication.yale.edu/publications/who-is-willing-to-pay-more-for-renewable-energy/#:~:text=The%20Americans%20most%20willing%20to,graduate%20degree%2C%20and%20liberal%20Democrats."

ideal era aquel cuya conciencia ya había sido despertada. Los clientes se mostraron abiertos e incluso ansiosos por elegir sus óvulos en función de los valores que expresaba la elección, la alineación con sus aspiraciones personales y la calidad de estilo de vida que representaba dicho producto.

Estos huevos estaban destinados a personas que esperaban algo más que comodidad, velocidad o prestigio incluso del alimento básico más banal. Anhelaban sentir que su elección de compra les importaba no solo a ellos mismos sino también a su comunidad y, de hecho, a todo el mundo post pandémico. Es cierto que un acto así es pequeño, pero en una atmósfera en la que la conciencia ha aumentado mientras el mundo parece haberse reducido, cada pequeño acto suma. En cierto modo, estas compras ayudan a definirlo y a cómo se siente consigo mismos.

"¿Qué puedo comprar que me haga sentir que estoy tomando las decisiones correctas según mi punto de vista?" Esta es una fuerte motivación con un alto retorno de la inversión, si, por supuesto, está en el punto en el que ese tipo de toma de decisiones es posible. Gastar tres o cuatro veces más en una caja de producto que en otra que está al lado no es una elección que todos los compradores estén preparados o sean capaces de tomar. Sin embargo, es algo bueno. Hace que la segmentación inteligente y dirigida sea aún más fácil y eficiente, particularmente a través de herramientas de datos de compras en línea.

Habíamos decidido que el tatuaje del productor de huevos iba a ser un imán para los consumidores que querían comprar los productos y servicios más alineados con un estilo de vida sostenible y que tenían el lujo de tener más dinero para gastar. Al centrarnos en factores indicativos como lo que ya había en el carrito de un cliente, lo que solía comprar y gastar en el pasado y dónde sugiere su código postal que vive, pudimos llegar a los consumidores correctos precisamente en el lugar correcto y el momento adecuado.

No estábamos tratando de cambiar la opinión de la gente. No estábamos tratando de decir: "Piensa como nosotros". Estábamos tratando de decir: "Valoramos su necesidad de un enfoque alimentario más lento, más consciente y más sostenible, lo encontramos y estamos aquí para ayudarlo".

Pensar en términos magnéticos y no espejos es particularmente importante en las primeras fases del lanzamiento y relanzamiento del producto. Muchas de las nuevas empresas actuales de venta directa al consumidor aprovechan especialmente el poder de participación del enfoque magnético. Estas empresas tienden a comprender bastante bien su posición en el mercado, principalmente porque reconocen una brecha en los servicios en algún lugar y están respondiendo a ella. Dollar Shave Club, por ejemplo, llena un vacío en hojas de afeitar asequibles. Al hacerlo, la historia de su tatuaje tiende a ser: "¿Por qué tres hojas de afeitar deberían costar 27 dólares? ¡Te cobraremos uno por un dólar y te lo enviaremos!

Dollar Shave Club identifica el problema, la solución y un motivo para preocuparse. Utiliza el marketing mix para identificar el precio y el punto de venta (costo y distribución) como sus principales imanes. Incluso su nombre alude al deseo del público de ahorrar dinero y al temor a que les cobren de más. Su modelo de distribución considera la necesidad de máxima comodidad de la mayoría de las personas, pero especialmente de los millennials.

Superpongamos ese pensamiento con el del gran padre de las marcas de afeitado, Gillette, que siempre ha estado extremadamente impulsada por el producto y ha entrenado brillantemente al mercado para que espere que un afeitado de primera calidad tenga un precio superior. Por eso, Dollar Shave Club necesitaba un imán de barrera de entrada baja para alentar a los clientes a probar su producto y ver por sí mismos que la calidad era lo suficientemente cercana a la de las marcas establecidas como para desafiar el status quo de las expectativas de afeitado.

Los especialistas en marketing directo al consumidor que utilizan imanes comprenden bien el principio del ciclo de adopción. Piense en Warby Parker, Allbirds, Casper y Dollar Shave Club. Primero se concentran en el porcentaje del mercado que siempre será el primero en adoptar. Pero también demuestran ser expertos en la tarea más difícil de ser absorbidos por la corriente principal. Identifican oportunidades magnéticas adicionales para impulsar la adopción y utilización a largo plazo, lo que les permite avanzar más allá de la competencia. Por un lado, anticipan y abordan el beneficio real de lo que ofrecen y eliminan la fricción de la adquisición. Con Dollar Shave Club, por ejemplo, los clientes ya no tienen que pensar en cuándo y cómo conseguir una nueva afeitadora, y mucho menos en ir a la tienda y llevársela a casa.

Piense en este enfoque como si cambiara la cámara de su teléfono entre el modo selfie y el modo point-and-shoot. ¿Cómo puede articular y presentar lo que ofrece de la manera más dinámica y aprovechar el hecho de que, de hecho, es flexible y no una marca? ¿Cómo se puede lograr el objetivo más importante y esencial de cualquier especialista en marketing: establecer una comunidad en torno a su producto que pueda seguir construyéndose mediante el simple boca en boca?

La próxima vez que vaya camino al trabajo, navegue por las redes sociales en su teléfono o hojee una revista, busque anuncios y considere si lo que está viendo es un espejo o un imán. ¿Está viendo el producto y lo que quiere que hagas con él y cómo quiere que piense en él? ¿O está viendo una invitación a experimentar un beneficio a su manera personal? ¿Le hace pensar? ¿O te hace sentir? ¿A qué área de su cerebro intenta apelar?

Como señaló una vez el filósofo y psicólogo estadounidense William James: "Un hombre propiamente dicho tiene tantas personalidades sociales como individuos que lo reconocen y llevan una imagen suya en la cabeza".

Los productos son muy parecidos. Como un tatuaje, depende de usted como identifica sus seres sociales.

TU TURNO

Piense en los segmentos de consumidores que ya ha identificado. ¿Qué necesidades o inquietudes tienen que pueda satisfacer? ¿Qué sentimientos anhelan que pueda provocar en ellos?

Segmento de consumo	¿Qué les importa a ellos?	¿Cómo puede apelar a esta necesidad/personalidad?
Supuestos		
Necesario		
Obligados		
Desean		

CAPÍTULO 9

LUZCA SU TATUAJE USANDO EL SISTEMA STARS

TE HAS COMPROMETIDO con un tatuaje, has elegido un diseño y, con determinación, le has tatuado. El siguiente paso es el más obvio y el objetivo de todo lo que lleva a este punto. Ha llegado el momento de lucirlo. Pero, ¿eso significa andar por ahí sin camisa a partir de ahora o actuar con calma y esperar el momento adecuado con "alguien" adecuado?

Bueno, todo depende, claro.

Los medios pagados, ganados y propios, cuando son efectivos, llegan a la audiencia adecuada en el lugar y momento adecuados. Conecta ideas y beneficios con las personas que los desean, frecuentemente sin que el especialista en marketing tenga mucho control sobre el producto o servicio en sí, ya sea un automóvil, agua embotellada, una exposición de arte, una línea de ropa, un servicio de comercio electrónico o nada en absoluto. A los especialistas en marketing normalmente se nos entrega el producto y se nos pide que generemos conciencia y generemos demanda. Se espera que entreguemos una audiencia de manera eficiente y, en última instancia, fomentemos la lealtad.

Los medios pagados son complicados. Cuando los especialistas en marketing consideran opciones publicitarias, las opciones parecen infinitas. Son cada vez más confusos y están cada vez más dominados por enfoques digitales y de rendimiento. Para muchas empresas, los medios pagados pueden parecer una gran idea, dado el revuelo que recibe actualmente la publicidad digital. Pero en realidad, cuando los especialistas en marketing ponen todos sus huevos en esta costosa canasta, matan el potencial futuro de una mayor prosperidad, similar a aquellos que practican la agricultura de tala y quema en las selvas tropicales. Sin darse cuenta, están quemando su "bosque de clientes" para obtener un retorno rápido. Al hacerlo, pierden la oportunidad de interactuar de manera más profunda, más sostenible y más rentable con sus clientes. Es un enfoque, por ejemplo, que incluso una corporación importante como Adidas encontró que disminuía significativamente su crecimiento a largo plazo.[27]

Por sí solo, el marketing de resultados simplemente no logra alcanzar el volumen correcto de audiencia necesario para generar el conocimiento de marca necesario para un crecimiento sostenible. Sin embargo, aumentar su combinación de marketing táctico agregando incluso una estrategia adicional puede tener un gran impacto y amplificar su capacidad para interactuar con los clientes objetivo hasta en un 100 por ciento.

En última instancia, descubrí que considerar todas las tácticas de los medios y, a menudo, múltiples puntos de contacto con el cliente es la mejor manera de contar una historia. El marketing omnicanal le permite hablar con los consumidores de forma humana, creando conciencia y afiliación duraderas.

MARKETING OMNICANAL CON STARS

A la luz de estos conocimientos, durante estos últimos treinta años en el campo, he desarrollado un enfoque que llamó Sistema STARS (por sus siglas en ingles SURROUND TARGET ALIGN REMIND). Permite a las organizaciones elaborar y hacer cumplir su mensaje de manera exhaustiva y eficiente. Básicamente, el sistema STARS crea orden y claridad a la hora de tomar decisiones difíciles sobre medios pagos para que

---

27   Sarah Vizard, "Adidas: We over-invested in digital advertising," MarketingWeek, 17 de octubre de 2019, https://www.marketingweek.com/adidas-marketing-effectiveness/.

SISTEMA DE STARS

Cubrir

Servir

Target

Recordar

Alinear

usted pueda determinar dónde invertir el dinero limitado en publicidad. Proporciona un marco esencial para inversiones eficaces. Al ayudarle a pensar en cómo y cuándo salir al mercado de forma eficaz, en última instancia, evita todo tipo de pérdidas de tiempo, dinero y errores.

Como especialistas en marketing, a menudo pensamos demasiado internamente, asumiendo que nuestras audiencias saben tanto como nosotros y han tenido experiencias similares. Esto conduce inevitablemente a descuidos en el mejor de los casos y a fallos totales en el desarrollo de la audiencia en el peor.

El sistema STARS ayuda a evitar este paso en falso al articular cinco formas interconectadas de involucrar a una audiencia: Cubrir, Target, Alinear, Recordar y Servir. El sistema cubre campañas de concientización, focalización, alineamientos culturales, recordatorios oportunos y brindar un excelente servicio al cliente que hace que los consumidores regresen. Echemos un vistazo más de cerca a lo que representa cada uno de esos métodos.

Cubrir

¿Alguna vez has oído que la información se asimila sólo después de repetirla siete veces? Se llama "la regla de los siete", creada en la década de 1930 por la industria cinematográfica. "Los jefes de los estudios descubrieron que se necesitaba una cierta cantidad de publicidad y promoción para obligar a alguien a ver una de sus películas",[28] según una publicación del blog de Kruse Control de 2018. Esta es la lógica detrás de Cubrir, excepto que creo que el número de repeticiones debería hoy en día se acercan más a cien, teniendo en cuenta el inagotable flujo diario de medios de comunicación que tenemos constantemente a nuestra disposición.

"Cubrir" significa entregar sus anuncios a grandes volúmenes de personas de todo tipo de grupos demográficos de una manera sólida que establezca un conocimiento general de lo que hace y, fundamentalmente, su beneficio para el consumidor. Esto no puede ni debe ser simplemente el mensaje de "aquí está el producto" al que recurrimos con tanta frecuencia.

Cuando sitia al público generando fuertes niveles de impresión a través de ubicaciones muy visibles en vallas publicitarias, quioscos telefónicos, carteles de tránsito y medios impresos de interés general, su producto se convierte en una parte familiar de la vida cotidiana. A medida que el público se familiariza más con sus mensajes, tiende a ser más receptivo cada vez que los ve en el sistema STARS.

Target

Una de las tácticas más poderosas que tiene en su arsenal es encontrar a las personas con mayor probabilidad de estar interesadas en su producto y luego enviarles mensajes directamente a través de vías

---

28   Kathi Kruse, "Rule of 7: How Social Media Crushes Old School Marketing," Kruse Control Inc., 29 de marzo de 2018, https://www.krusecontrolinc.com/rule-of-7-how-social-media-crushes-old-school-marketing-2021/#:~:text=It%E2%80%99s%20a%20marketing%20maxim%20developed,see%20one%20

correlacionadas. ¿Por qué? Porque los precedentes pasados son el mejor predictor del futuro. Con la capacidad de realizar un seguimiento de las suscripciones, las visitas a sitios y otros comportamientos de los consumidores, resulta cada vez más fácil saber de antemano exactamente quién estará interesado en determinados mensajes y ofertas.

Alinear

Alinee sus medios pagos con el contenido editorial y visual de listas de correo directo, intercambios de listas de correo electrónico, marketing de motores de búsqueda, anuncios móviles y en línea orientados al comportamiento y otros medios altamente específicos. Esto permitirá la entrega estratégica de contenido a audiencias que ya han demostrado un interés comprobado en los beneficios de su producto.

Por ejemplo, en el mundo de las artes y la cultura, pensamos inveteradamente en The New York Times como un medio pagado viable, y con razón. Su cobertura tiene impacto. Esto no significa que la publicidad en The New York Times vaya a generar una respuesta instantánea; más bien, significa que si usted está en el mundo de las artes y la cultura, agregar la publicidad del New York Times a la mezcla (e incluirla en su sistema STARS) es una forma inteligente de llegar a aquellos que deberían preocuparse por su producto.

Existen corolarios específicos del contenido en cualquier industria o vertical, ya sea en línea, impreso, vídeo o audio. El uso de publicaciones, sitios web y canales específicos para medios pagados y ganados puede ser una gran oportunidad para que los especialistas en marketing asocien su marca con los intereses generales de un gran grupo de clientes potenciales.

Recordar

Una vez que se haya conectado con las audiencias interesadas, realice un seguimiento con mensajes detallados llenos de opciones prácticas. Envíe un correo electrónico, publíquelo en las redes sociales u ofrézcales una oferta. "Recordar" también le brinda la oportunidad de aprovechar la puntualidad. (Piense en un proveedor de atención médica recordando a los pacientes sobre las ofertas de inscripción durante la temporada de gripe)

Servir

Una vez que haya llegado a la audiencia adecuada, su siguiente trabajo es conservarla y no dejarla escapar. Haga que sus clientes se sientan bienvenidos, queridos e importantes cuando interactúen con su servicio o producto en sus propios medios, en correos electrónicos o chats y en persona. Ignore este consejo y perderá todo su arduo trabajo para lograr su interés. Sígalo y sus clientes harán el mejor marketing por usted, de forma gratuita. En las redes sociales, diseñe su contenido para que sea apreciado y compartido. Una audiencia leal y entusiasta está lista para difundir su producto o servicio y es más valiosa que cualquier compra de medios.

La belleza del sistema STARS es que es personalizable y funciona para todos los presupuestos. Proporciona una hoja de ruta inteligente y ágil para crear el mejor plan de publicidad o marketing para cualquier organización. Espero que reconozca cada paso de los ejemplos de estudios de casos proporcionados en Tatuajes, No Marcas.

De la misma manera que los pilotos y los trabajadores de la salud dependen de listas de verificación para garantizar la seguridad y evitar errores humanos, adherirse metódicamente al Sistema STARS le permitirá formular un plan holístico pero exhaustivo. El sistema le ayudará a evitar el riesgo de olvidar o simplemente pasar por alto pasos críticos a lo largo de su campaña de marketing.

PUNTOS IMPORTANTES A TENER EN CUENTA

La creatividad (las imágenes y palabras utilizadas para comunicar) es esencial. Su creatividad debe adaptarse a su marca y debe adaptarse a diferentes formatos de medios. Por ejemplo, un anuncio en vallas publicitarias y un anuncio en dispositivos móviles tienen requisitos visuales muy diferentes.

El sistema STARS tiene numerosas superposiciones dinámicas. Muchas plataformas de medios emplean diferentes aspectos del sistema. Por ejemplo, la radio puede cubrir, targetear, alinear o recordar, dependiendo de cómo la use. Los datos y análisis siempre deben usarse como base para cada aspecto del Sistema STARS. Realice investigaciones de audiencia, supervise la interacción en línea y utilice sus hallazgos para mejorar su próxima campaña.

Piense en el capítulo 8 y en el estudio de caso sobre el concierto de Arvo Pärt en el Carnegie Hall, cuando nos encargaron vender las 2.804 localidades del Auditorio Stern en una actuación de una sola noche. Arvo Pärt, ganador del premio Grammy, es el compositor vivo más interpretado del mundo, pero era (y sigue siendo) poco conocido entre el público general que asiste a conciertos, un grupo principal con el que tuvimos que involucrarnos para lograr nuestro objetivo y llenar la sala de conciertos.

Necesitábamos no sólo hablar con los devotos de la música clásica, sino también captar la atención notoriamente fugaz de los consumidores neoyorquinos menos entusiastas y más escépticos, al mismo tiempo que prometíamos una experiencia extraordinaria y única en la vida. Para hacerlo, comenzamos por elaborar un enfoque creativo segmentado que hablara de la fama de Pärt en círculos musicales selectos, al mismo tiempo que creamos un mensaje que se aplicaba a todos.

Una vez que determinamos el mensaje adecuado, tanto contextual como visual, llegó el momento de implementar STARS.

Rodeamos a los neoyorquinos a través de carteles en el metro de Nueva York y en quioscos telefónicos.

Nos dirigimos a audiencias potenciales a través de correo directo y programática digital.

Nos alineamos y luego les recordamos a través de la radio pública orientada a la música clásica, medios culturales selectos como el New York Times y The New Yorker, y con correos electrónicos de seguimiento.

Para el elemento final, confiamos en que Arvo Pärt cumpliría la promesa creativa de la campaña: "Siente que el mundo se detiene". Por lo tanto, trazamos la campaña para ilustrar su ritmo, ya que el momento

ARVO PÄRT - RESULTADOS DE VENTAS

Número
de plazas   ADOTADO

2800

2400

2000

1600

1200

800

400

Febrero	Marzo	Abril	Mayo

21 de febrero
La primera carta de
correo directo llegó a la
oficina de correos

28 de marzo
Postal de correo
directo cada en la
oficina de correos

14 de abril
Anuncio colocado en
The New Yorker.

28 de abril al 11 de mayo
El anuncio se ejecuta en
WQXR.

28 de abril al 25 de mayo
Anuncio publicado en
quioscos telefónicos de
Nueva York

28 de abril al 25 de mayo
Publicidad en el metro
de Nueva York

May
Anuncio de página comple-
ta en BAMBill y anuncios
publicados en Calendar
para música nueva

1 de mayo
Boletín WQXR

1 de mayo al 29 de mayo
Se publica un anuncio
Rich Media en
NYTimes.com

31 de mayo
SHOWTIME

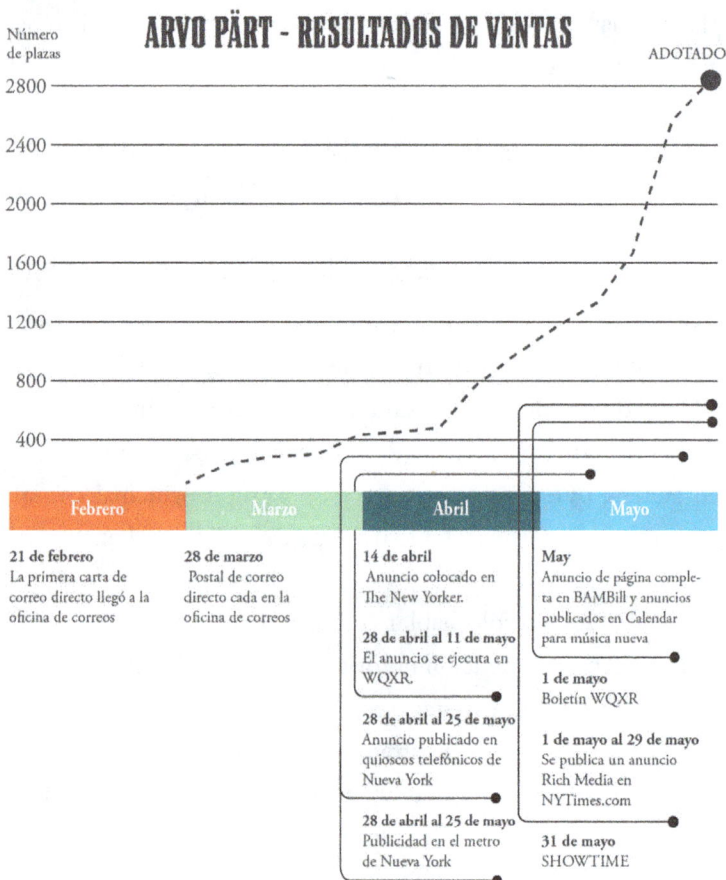

oportuno es esencial.

Después de comparar las ventas con los medios, el efecto de STARS fue claro. Los resultados se hicieron cada vez más fuertes con cada esfuerzo, creciendo más en abril y mayo cuando los elementos Cubrir, Target, Alinear y Recordar alcanzaron sus picos. No sólo se agotaron las entradas para el concierto, como mencioné antes, sino que fue el concierto de música clásica con mayor asistencia en el Carnegie Hall ese año, solo superado por Neil Young.

Adoptamos el mismo enfoque STARS en nuestro trabajo con el primer producto de seguro de vida temporal sin agente que ingresa al mercado. La startup de la ciudad de Nueva York acudió a nosotros buscando aumentar el conocimiento de su lanzamiento e impulsar la adquisición de clientes de manera más eficiente, especialmente entre los Millennials tardíos.

La idea detrás de la empresa era bastante sencilla: eliminar al agente o intermediario de la ecuación y atender a los millennials que preferían hacer negocios directamente y, si era posible, en sus propias condiciones desde casa. Con ese fin, ofrecieron un producto que un cliente podía comprar en línea y adquirir inmediatamente después de completar un formulario en línea de quince minutos. Había que verificar la información y realizar un examen físico, pero gracias a la tecnología, desaparecieron los inconvenientes y la incomodidad de programar y reunirse con un corredor y la molesta sensación de haber sido "agotado."

Debido a que se trataba de una reinvención tan radical de un producto hasta entonces tradicional, la compañía de seguros buscó ser audaz con su campaña. En esencia, querían resaltar la idea de que el seguro de "vida" era en realidad un nombre inapropiado, que el producto que ofrecía esta nueva empresa era en realidad un seguro de "muerte", después de todo.

La mayoría de las empresas emergentes en ese momento se centraban en publicidad de estilo performance, es decir, publicidad en línea con mucha publicidad en redes sociales y banners. Esperaban que las personas hicieran clic y actuarán simplemente porque esos anuncios estaban en cualquier página web que estuvieran visitando. Sin embargo, al asociarnos con la agencia creativa, adoptamos un enfoque muy diferente para generar conciencia y crear demanda. Queríamos elegir datos demográficos específicos y rodearlos, pero solo en aquellos momentos de la vida en los que el producto era relevante (en este caso, el seguro de muerte) era más relevante. Nuestro objetivo era captar su atención cuando sus mentes ya estaban preparadas para empezar a formarse una opinión sobre nuestros mensajes.

En el pasado, el marketing de seguros de vida había adoptado un enfoque singular hacia los clientes, generalmente a través de anuncios de televisión dirigidos a grupos demográficos que retrataban a adultos pensativos caminando hacia el atardecer por la playa. Ahora, sin embargo, decidimos que podíamos levantarnos y ganar más atención a través de una disección aún más quirúrgica del mercado y un enfoque omnicanal. Razonamos que se necesitan más que unos pocos anuncios en la televisión para rascar el cerebro sobre lo último en lo que te apetece pensar.

Aún así, para obtener el fuerte reconocimiento necesario para garantizar la recordación entre los consumidores, comenzamos la campaña en un gran mercado de la Costa Este rodeando a los consumidores mediante la colocación de anuncios de alta visibilidad. Estas colocaciones estaban dirigidas a grandes volúmenes de personas de todo tipo de perfiles demográficos, tanto urbanos como suburbanos. Elegimos utilizar medios de transporte en áreas densamente concentradas, incluidas las paradas de autobús del centro de la ciudad y una envoltura completa de autobús de dos pisos que recorría rutas transitadas específicas.

Luego, sin embargo, basándonos en la agregación de múltiples fuentes de datos, hábitos de compra y reconocimiento de comportamiento, rápidamente nos dirigimos a las personas que tenían más probabilidades de recordar recientemente la fragilidad de la vida y su propia mortalidad y, por lo tanto, estaban más interesadas en considerar el producto. Entre ellos se encontraban los Millennials tardíos, en particular mujeres (las que toman decisiones de facto), recién casados, nuevos padres y aquellos que habían perdido a sus padres. Intentamos pensar en términos de un día en la vida de este grupo demográfico. Buscamos áreas donde nuestro mensaje pudiera cruzarse con su estilo de vida y generar conciencia y así exigir de manera más estratégica. "¿Qué vecindarios tenían la mayor propensión a tener padres jóvenes y post-solteros?" preguntamos: "¿y dónde trabaja esa gente?" A partir de ahí, nos centramos en momentos clave de su vida diaria que probablemente correspondieran a la compra de un seguro de vida: ir al trabajo, amueblar una casa, dar a luz, llorar a un ser querido. Estos son esos momentos de la vida en los que empezamos a decir: "Vaya, algún día voy a morir y cuando muera, no quiero dejar a mis seres queridos sin los medios para seguir adelante".

Las compras de seguros de vida suelen estar impulsadas por ese tipo de momentos importantes. Con eso en mente, decidimos enviar mensajes a los consumidores a través de anuncios en líneas de trenes de cercanías a lo largo de las áreas con el mayor aumento en la compra de viviendas y en vallas publicitarias cerca de IKEA, hospitales y funerarias, aprovechando datos sobre hábitos regionales de compra de viviendas, estadías en hospitales y funerales.

Cuando los consumidores interactúan con anuncios y medios obtenidos que conocen y les gustan, asocian ese producto con sus intereses. Ver su tatuaje colocado en ese contexto, orientado a esos intereses, también permitiría un mayor tiempo de permanencia y un mayor compromiso. Además, alineamos nuestro contenido pago con el contenido editorial de dichos medios - específicamente, podcasts con motivación financiera como Freakonomics y Planet Money - para elevar nuestro mensaje a los intereses financieros de los oyentes.

Una vez que nos conectamos con las audiencias interesadas, les recordamos a través de mensajes de seguimiento detallados llenos de opciones prácticas. No limitamos la exposición a un solo mensaje, sino que utilizamos dos o tres. Cada uno continuó contando la "historia" de la compañía de seguros. Nuestro objetivo: estar en el primer lugar ofreciéndoles ofertas y enviándoles recordatorios para que compren. Así como un proveedor de atención médica le envía un correo electrónico recordando que programe una cita para un chequeo o una vacuna durante la temporada de gripe, aprovechar los momentos oportunos para recordarle a la audiencia sus necesidades y cómo puede atenderlas hace que el llamado a la acción sea lo más fácil posible a responder. Para la compañía de seguros de vida, eso significó reorientar los códigos postales clave y colocar anuncios en publicaciones orientadas a la compra que pudieran captar la atención de los puntos de compra.

Y, finalmente, servimos a nuestros nuevos clientes haciéndolos sentir bienvenidos, queridos e importantes. Logramos esto mediante la colocación de anuncios que construyeran la comunidad en una estación de radio pública no comercial alineada con los intereses y valores de la comunidad, y asegurándonos de que la tecnología de la empresa fuera lo suficientemente sólida como para brindar una excelente atención al cliente a través de chat por correo electrónico y otras comunicaciones receptivas. ¿Por qué? Porque el respaldo positivo de una audiencia satisfecha atrae orgánicamente la mayor cantidad de clientes.

Los resultados: un aumento del 20 por ciento en el reconocimiento de la marca y una reducción del 50 por ciento en el costo de conversión de cliente.

En pocas palabras, cuando se pueden aprovechar se cubre, target, alinea, recuerda y sirve a su audiencia, aprovecha las infinitas posibilidades de los medios modernos en su máxima y más eficaz medida. En lugar de mirar fijamente un menú interminable de estrategias que parecen igualmente geniales, el sistema STARS le guía en el ensamblaje de una combinación selecta que, en conjunto, brindará mejores resultados al final.

Sobre todo, quiero disipar la idea de que existe una solución única para crear conciencia y crear demanda. Vivimos en un mundo lleno de seres humanos extremadamente heterogéneos. Llegar a la cima de la mente para un número significativo de ellos rara vez se puede lograr mediante una sola táctica. Le garantizo que equilibrar con éxito los elementos del sistema STARS y conectarlos a través de una investigación inteligente junto con una creatividad convincente dará como resultado mejores planes de marketing. De esta manera, pensar estratégicamente como un tatuaje le permite crear una combinación de medios personalizada, generando conciencia tangible e intangible y creando la máxima demanda.

TU TURNO

Debería tener una idea bastante clara sobre los datos demográficos objetivo de su producto si ha leído hasta aquí. Con esos factores en mente, piense en algunas herramientas y estrategias para aplicar cada componente del sistema STARS a su propia campaña de marketing.

Componente del sistema STARS	Demostración objetivo 1:	Demostración objetivo 2:
Sitiar		
Target		
Alinear		
Recordar		
Atender		

CAPÍTULO 10

IR AL MERCADO CON SU TATUAJE

FELICIDADES. HAS LLEGADO al final del libro y, con suerte, ha recopilado información y estrategias valiosas. Por supuesto, es posible que se haya preguntado desde el principio cómo un tipo que comenzó como un estudiante de inglés mojado detrás de las orejas y pasó gran parte de su carrera en las artes y en el sector sin fines de lucro llegó a sentirse como una autoridad en materia de emprendimiento. y marketing. (Descargo de responsabilidad: ni siquiera tengo un tatuaje, y mucho menos un MBA). El hecho es que, aunque Tatuajes, No Marcas se basa en una buena cantidad de ejemplos del mundo del arte, veo a emprendedores sucumbir constantemente a las mismas aflicciones que aquejan el mundo de las artes: la difícil situación del tatuaje que intenta actuar como una marca.

Una y otra vez, he ayudado a organizaciones a tener éxito a pesar de las probabilidades en contra, evitando así gastos innecesarios de tiempo y dinero. Al hacerlo, siempre vuelvo al mismo enfoque de volver a lo básico que aprendí en la obra Naked Marketing que recogí, cuando iba de camino a casa desde el Whitney en 1996. Ese pequeño libro me ayudó a perfeccionar el enfoque y los sistemas descritos en estas páginas. Con una base sólida de identidad e historia, usted tiene todas las herramientas que necesita para llevar su producto al mundo.

En un momento de mi carrera como profesor de clases de marketing en la universidad, creé una fórmula utilizando estos conceptos para mostrar cómo desarrollar un enfoque de marketing que sea real, sencillo y poderoso.

Básicamente, era algo como esto:

$$\frac{USP + PPPP}{S\,N\,O\,W} - \blacktriangledown \times \circledast = \text{IR AL PLAN DE MERCADO}$$

Pero he llegado a apreciar la tangibilidad y la libertad que la analogía del tatuaje aporta al marketing.

Usted no es sólo un tatuaje porque tiene una aplicación genial o un restaurante de moda que la gente tiene que probar, o porque es una firma de bienes raíces boutique con un nombre pegadizo o la única floristería/ cafetería artesanal del Medio Oeste. Es un tatuaje porque más allá de cómo se ve a sí mismo, sabe que su verdadero valor radica en lo que los demás ven en usted y en cómo imaginan que esas cualidades encajan en su estilo de vida.

Cada minuto de cada día, parece que nos enfrentamos a innumerables opciones. Las personas en las que finalmente nos convertimos son el resultado de esas elecciones: desde nuestro primer amor, primer trabajo, primer automóvil y primer hogar hasta nuestro último y, con suerte, el más largo amor. Ninguna de estas opciones se nos impone como a una marca. Más bien, cada elección que hacemos es como un tatuaje que seleccionamos y seguimos usando por el resto de nuestras vidas.

Cuando comencé este libro, no me imaginaba que se imprimiría durante una disrupción global que continúa afectando a casi todas las industrias en casi todas partes del mundo. Sin embargo, durante un período postraumático, se siente aún más importante renunciar a una mentalidad de marca rígida y homogénea y pensar como un tatuaje: abrazar activamente la autenticidad, la flexibilidad y un enfoque de regreso a lo básico. Sólo entonces podrá comprender realmente dónde reside la brecha en la cuota de mercado y aprovecharla al máximo.

Caso concreto: un entrenador personal con el que trabajé en Nueva York es una persona extremadamente emprendedora. Durante la pandemia, descubrió una verdad muy simple. La gente necesitaba pesas. Los gimnasios estaban cerrados, la gente tenía que hacer ejercicio en casa y la cadena de suministro de equipos no estaba preparada para el nivel de demanda que requería cumplir la cuarentena. Amazon, Target, Walmart: no había ningún lugar donde se pudieran encontrar estos objetos pesados que fortalecen físicamente nuestros cuerpos. Tan pronto como se dio cuenta de esto, vio la oportunidad. Dio la casualidad de que su hermano es un soldador altamente calificado, por lo que, con un rollo de acero y las habilidades de su hermano, se le ocurrió una solución elegante y eficaz a la que llamó BRAVE Equipment. Y de inmediato pensó, "Porque eso es lo que hace la gente", ¡de acuerdo, ahora es el momento de construir una marca!

Mi sugerencia, por supuesto, fue bajar un poco el ritmo y hacer un balance de los fundamentos, tal y como él me había aconsejado en mis entrenamientos. Tenía el Producto - pesas que se veían muy, muy bien y que la gente podía tener rápidamente - pero aún no había trabajado completamente en ninguna de las otras 4Ps y la marketing mix ni había aplicado la Segmentación Inteligente a su mercado, ni había perfeccionado su historia. De ninguna manera estaba listo para escalar al nivel de distribución y conocimiento de la marca.

Me encantan los desafíos como este, así que comenzamos a hablar sobre una estrategia inicial, desde fijar un precio basado en el costo de los bienes más el margen, hasta navegar por la distribución de un Producto increíblemente pesado que actualmente fabrica un soldador ubicado a varios cientos de millas de distancia. Luego estaba la Promoción. Si bien tenía la intención de lanzar su anzuelo al vasto y anónimo océano de la red mundial y comenzar a invertir en medios pagados de inmediato, le recordé que ya tenía un grupo de alrededor de treinta clientes frente a él. Se podría contactar con ellos mediante un simple correo electrónico. También tenía una red de treinta o más amigos entrenadores que probablemente tenían los mismos clientes necesitados de mancuernas. Incluso si sólo el treinta por ciento de esos novecientos clientes estuvieran necesitados, eso significaba que se vendieron trescientos juegos de mancuernas - todo en una única región de fácil entrega - prácticamente sin costo alguno. Una vez que se creara un flujo de efectivo, estaría en condiciones de contratar a alguien para administrar la logística del negocio mientras él perseguía sus pasiones de capacitarse y construir otras nuevas empresas y encontrar uno o más soldadores para complementar a su hermano.

Admito que cuando compartió su idea conmigo por primera vez, yo también sentí la necesidad de ir directamente a los medios pagados. Pero afortunadamente evité cometer un gran error para ambos al recordarme a mí mismo que debía seguir mi propio consejo en cuatro pasos.

PASO 1: IDENTIFICAR EL PUNTO DE VENTA ÚNICO

- ¿Qué es BRAVE y qué lo hace especial?
- ¿Cuál es el beneficio de ello?
- ¿Cuál es la historia detrás de esto?
- ¿Cuál es la base que que engloba a este producto y permite que los clientes se conecten con usted?

En resumen: BRAVE es una empresa de propiedad de afroamericanos con sede en los Estados Unidos que produce equipos de entrenamiento excepcionales fabricados con Acero Estadounidense.

PASO 2: ANALIZAR LA MARKETING MIX

Producto: Propuesta de venta única (PVU) + línea de productos.

Precio: Costo de bienes vendidos (COG) + margen.

Punto de venta: Venta directa entregada en mano y eventualmente comercio electrónico.

Promoción: Activa el embudo de demanda con tus clientes y compañeros.

PASO 3: ANÁLISIS DE SNOW

Supuestos: Aquellos que tienen el fitness como parte de sus vidas pero ya no pueden ir al gimnasio.

Necesario: Los clientes actuales y antiguos del entrenador.

Obligados: Minoristas que no tienen inventario y comercio electrónico.

Desean: Los colegas del entrenador que tienen clientes que necesitan desesperadamente equipos de entrenamiento.

PASO 4: JUNTAR LAS PIEZAS

Una vez que establecimos el trabajo preliminar, reconocimos a otros actores del mercado e identificamos el precio que tenía más sentido desde el punto de vista impulsado por el mercado, expuse un plan de acción para BRAVE que se veía así:

- Priorice las ventas personales primero e inmediatamente.
- Los activos más fuertes de BRAVE son sus relaciones. Ofrezca preventas a todos los clientes a un precio que les convenga, incluso si no es el precio planificado. Trate de completar las ventas a al menos el 30 por ciento de la lista de clientes existente dentro de un mes.
- Incorpore a otros entrenadores, al estilo afiliado.
- El segundo activo más fuerte de BRAVE es su relación con los entrenadores. Vaya a ellos con una hoja/enlace con los detalles y ofrezca una comisión del 20 por ciento en todos los pedidos anticipados a precio completo. Los gimnasios se abrirán y las cadenas de suministro se pondrán al día, por lo que queremos protegernos del "cuanto antes, mejor".
- Obtenga flujo de caja por preventas.
- Utilice los ingresos para el inventario, priorice intensamente los

pedidos anticipados y cumpla con ellos antes de la fecha de entrega prometida. Involucrar a una "abeja trabajadora" que pueda
coordinar y ejecutar las operaciones y las comunicaciones/servicios
con los clientes y la fabricación, incluso si sólo se puede hacer virtualmente.

- Diversifique los canales de fabricación, distribución y ventas.
- Cree un sitio web sólido y acérquese a posibles distribuidores mayoristas y a las principales tiendas de artículos deportivos que aún
  no tienen inventario para ofertas de afiliados. Apóyese en la identidad BOB (Black-Owned Business) de BRAVE y cree asociaciones con fabricantes potenciales alineados.
- Haga, de inmediato, excelente videos. El contenido es realmente
  importante para la siguiente fase y BRAVE tiene una oferta única.
  Trabaje con un camarógrafo que pueda hacer que todo parezca tan
  único e interesante como el enfoque.
- Impulse este contenido en YouTube, que sería un buen canal promocional para invertir el capital de trabajo. Apóyese en las asociaciones mencionadas anteriormente.
- Implementa STARS y quizás invertir en Google AdWords con
  capital de trabajo.
- Identifique la palabra clave, el costo de la oferta por clic y el volumen de palabras y frases con mancuernas y con barra. Concéntrese
  en los más largos, ya que indican la intención de compra. Continúe
  apoyándose en BOB y las asociaciones.
- Y, por último, deshágase del objetivo de "construir una marca"
  y utilice estas herramientas básicas para lograr que BRAVE se
  enfoque en ser un tatuaje, uno que tanto BRAVE como sus clientes
  puedan usar con orgullo, donde sea, cuando sea y como sea.

Un ejemplo en tiempo real como BRAVE ilustra que con los fundamentos, una empresa puede trazar un camino a seguir y al mismo tiempo
eliminar los puntos ciegos que pueden limitar el progreso y el crecimiento. Las herramientas aquí son prácticas y aparentemente simples, pero

combinadas permiten a los emprendedores restablecer la agenda y mantener el rumbo, incluso frente a desafíos imprevistos.

Al finalizar Tatuajes, No Marcas, los animo a mantener siempre las importantes ventajas que se pueden encontrar en la mentalidad del tatuaje. Si hay algo que espero que se quede con usted, es evitar el error de adelantarse tanto que se salte el establecimiento de la verdadera base de lo que ofrece y por qué. Puede llevar tiempo y trabajo resistir la inevitable necesidad de caminar, hablar y actuar como una marca y, en cambio, adoptar una identidad de tatuaje dinámica, deliberada, empática y auténtica. Pero dará sus frutos, tal como lo he hecho para muchas de las organizaciones, corporaciones maduras y nuevas empresas en las que he estado involucrado.

Después de todo, tal vez haya y siempre habrá un par de cientos de marcas verdaderas y fácilmente identificables en el mundo, pero el potencial de los tatuajes es ilimitado.

AGRADECIMIENTOS

ESTE ES MI primer libro y, como dicen, hizo falta un pueblo para completarlo. En mi caso, el pueblo es un ecosistema vibrante y realmente sorprendente, lleno de humanos diversos y sorprendentes. A ellos les estoy eternamente agradecido.

Me gustaría agradecer sinceramente a aquellas personas que ayudaron a lo largo de los años que tomó este libro (¡y a mí!) crecer: Chris Ang, David Basch, Arian Blanco, Sergio Fernández de Córdova, Jam Ibay, Karen Kanakanui, Abby Marton, Katie McManus, Nelam Patel, Thomas Robinson, y Katheryn Thayer. De Indigo River: Jana Beeson, River Chau, Bobby Dunaway, Emma Elzinga, Deborah Froese, Georgette Green, y Mary Menke, Finalmente, quiero felicitar a Lara Rice Bergen por toda su ayuda, ingenio, paciencia y confianza en el concepto de Tatuajes, No Marcas.

También me gustaría agradecer a los colegas con quienes colaboré estrechamente durante veintiséis años en muchos de los estudios de caso, quienes contribuyeron con su incansable trabajo y sus ideas que se incluyen en estas páginas: Kristen Earls, Zlato Fagundes, Elyse Familetti, Sean Keepers, y Simona Kilgour, en Wit; tantos supervisores, amigos y clientes, incluidos Larry Adams, Dr. William Beck, Rick Berlin, Peter Bouteneff, Jefferson Burruss, Anne Canty, Cecile Catalon, Kai Catalon,

Pia Catton, Lauren Bailey Cognetti, Dennis Conroy, Johanna Conroy, Susan Courtemanche, John O. Crosby, Jennifer Deare, Robert Dorf, Ryan Fellini, Abigail Gonzalbo, Emily Graff, Aaron Graham, Ann Greer, Kimberly Griggy, Lynne Hassett, Mary Haus, David Henstock, Max Hirshfeld, Willard Holmes, Jacqueline Ehle Inglefield, Vanessa Kellogg, Matthew Kirsch, Mark Leonard, David X. Levine, Heyward Lovett, Jason Mullis, Lance Muranaga, Terry Newberry, MaryLou Pagano, Xtina Parks, Francis Patrelle, Nicholas Reeves, Paul Roeraade, David A. Ross, Joshua Schnakenberg, Suzette Sherman, Walter Silbert, Susan Fisher Sterling, Susanna Stickley, David Alexander Terry, Rodrigo Varela, Larry Warsh, Cecilia Wichmann, Sandy Williams, y Brad Woolbright, entre muchos otros.

No fue un viaje corto, y ciertamente fue prolongado y transformado por la pandemia, sin mencionar las turbulencias de la vida antes y después. Pero, en realidad, ninguna obra está jamás completa; todo evoluciona.

Sin embargo, estoy sinceramente agradecido a todos por muchas razones.

GLOSARIO

USP	Proposición Única de Venta.
4P's	Producto, Plaza, Precio, Promoción.
NPR	Radio Pública Nacional.
UX	del Usuario.
SNOW	Supuesto, Necesario, Obligado, Querer.
ROI	Retorno de la Inversión.
AIDA	Atención, Interés, Deseo, Acción.
NYPL	Biblioteca Pública de Nueva York.
ESL	Inglés como Segundo Idioma.
NWMA	Museo Nacional de la Mujer en las Artes.
RA	Alianza para la Selva Tropical.
STARS	Rodear, Apuntar, Alinear, Recordar, Servir.
BOB	Negocio Propiedad de Personas Negras.

BIBLIOGRAFÍA

Abbasi, Hussain. "Tatuajes Tribales Africanos." Folk Culture, Baréin. Consultado el 30 de mayo de 2021. https://www.folkculturebh.org/en/?issue=13&page=showarticle&id=7.

Art_Works staff. "Principales Conclusiones de Culture Track '17". Art_Works. Consultado el 15 de noviembre de 2021. https://art-works.community/art-working/2018/1/13/my-top-takeaways-from-culture-track-17.

Borden, N. H. "El Concepto de la Mezcla de Marketing." Journal of Advertising Research, 1964.

Cohen, LaPlaca, Slover Linnett Audience Research. "Cultura y Comunidad en Tiempos de Crisis: Una Edición Especial de Culture Track." Culture Track. Consultado el 15 de noviembre de 2021. https://culturetrack.com/research/covidstudy/.

Democrat and Chronicle. "St. Elmo Lewis sobre Métodos Modernos de Publicidad." Democrat and Chronicle, 7 de enero de 1910.

Ellsmoor, James. "El 77% de las personas quieren aprender a vivir de manera más sostenible." Forbes, 23 de julio de 2019. https://www.forbes.com/sites/jamesellsmoor/2019/07/23/77-of-people-want-to-learn-how-to-live-more-sustainably/#69a20f2e2b01.

Gavin, Jamie. "Un tercio de los consumidores ahora son más conscientes de las marcas que eligen." FIPP. Accedido el 15 de noviembre de 2021. https://www.fipp.com/news/one-third-of-consumers-now-more-mindful-of-thebrands-they-choose/.

Grede, Robert. Naked Marketing: The Bare Essentials. 1ra ed. Hoboken, Nueva Jersey: Prentice Hall, 1997.

Gustafson, Abel, Matthew Goldberg, Seth Rosenthal, John Kotcher, Edward Maibach y Anthony Leiserowitz. "¿Quién está dispuesto a pagar más por energía renovable?" Yale Program on Climate Change Communication. 16 de julio de 2019. https://climatecommunication.yale.edu/publications/who-is-willing-to-pay-more-for-renewable-energy/#:~:text=The%20Americans%20most%20willing%20to,graduate%20degree%2C%20and%20liberal%20Democrats.

Hancock, Alice. "Coronavirus: ¿es este el fin de la línea para los cruceros?" Financial Times, 7 de junio de 2020. https://www.ft.com/content/d8ff5129-6817-4a19-af02-1316f8defe52.

Hartz, Julia. "Cómo construí la resistencia: en vivo con Julia Hartz." Entrevista con Guy Raz. How I Built This, NPR, 16 de julio de 2020. Audio, 24:41. https://www.npr.org/2020/07/15/891511843/how-i-built-resilience-live-with-julia-hartz.

Hopkins, Charles C. My Life in Advertising. Nueva York: Harper and Brothers Publishing, 1927.

Hsu, Tiffany. "La industria publicitaria tiene un problema: a la gente le desagradan los anuncios." The New York Times, 28 de octubre de 2019.

IBIS World. "Camiones de Comida en los EE. UU. - Número de Empresas 2005-2026." IBIS World. Actualizado el 23 de septiembre de 2020. https://www.ibisworld.com/industry-statistics/number-of-businesses/food-trucksunited-states.

Kruse, Kathi. "Regla de los 7: Cómo las redes sociales aplastan el marketing tradicional." Kruse Control Inc., 29 de marzo de 2018. https://www.krusecontrolinc.com/rule-of-7-how-social-media-crushes-oldschool-marketing/#:~:text=It's%20a%20marketing%20maxim%20developed,see%20one%20of%20their%20movies.

Maslow, A. H. "Una teoría de la motivación humana." Psychological Review, 50, núm. 4, 1943. https://doi.org/10.1037/h0054346.

McCarthy, E. Jerome. Basic Marketing: Un enfoque gerencial. Homewood, Illinois: Richard D. Irwin, Inc., 1960.

Mordor Intelligence. "Mercado de eliminación de tatuajes: Crecimiento, tendencias, impacto de COVID-19 y previsiones (2021-2026)." Mordor Intelligence, julio de 2020. https://www.mordorintelligence.com/industry-reports/tattoo-removal-market.

Naves, Mario. "Promising Signs." The New Criterion, junio de 1997. https://newcriterion.com/issues/1997/6/promising-signs.

Rudominer, Ryan. "La responsabilidad social corporativa importa: ignora a los millennials bajo tu propio riesgo." HuffPost. Actualizado el 06 de diciembre de 2017. https://www.huffpost.com/entry/corporate-social-responsi_9_b_9155670.

The Guardian. "Descifrando los tatuajes criminales rusos en imágenes." The Guardian, "Arte y Diseño", 18 de septiembre de 2014. https://www.theguardian.com/artanddesign/gallery/2014/sep/18/decoding-russian-criminal-tattoos-in-pictures.

Velliquette, Anne M., Jeff B Murray, Deborah J Evers. "Inscribiendo el mito personal: El papel de los tatuajes en la identificación." Research in Consumer Behavior, vol. 10, 2006.

Vizard, Sarah. "Adidas: Invertimos demasiado en publicidad digital." MarketingWeek, 17 de octubre de 2019. https://www.marketingweek.com/adidas-marketing-effectiveness/.

Weller, Chris. "La crisis de identidad bajo la tinta." The Atlantic, 25 de noviembre de 2014. https://www.theatlantic.com/health/archive/2014/11/the-identity-crisis-under-the-ink/382785/.

Zak, Paul J. La molécula moral: La fuente del amor y la prosperidad. Nueva York: Dutton, 2012.